TANGRAM *aktuell* 2

Lektion 5–8

▶ Lehrerhandbuch

von

Rosa-Maria Dallapiazza

Eduard von Jan

Anja Schümann

Elke Bosse

Susanne Haberland

Anna Breitsameter

D1702880

Hueber Verlag

Quellenverzeichnis:

Umschlagfoto: mit Alexander Aleksandrow, Manuela Dombeck, Anja Jaeger, Kay-Alexander Müller und Lilly Zhu:
Arts & Crafts, Dieter Reichler, München
Kopiervorlage 5/1: Fotos: Alastair Penny, Berlin
Kopiervorlage 8/1: Fotos: Gerd Pfeiffer, München

| 3. 2. | Die letzten Ziffern |
| 2011 10 09 08 07 | bezeichnen Zahl und Jahr des Druckes. |

Alle Drucke dieser Auflage können, da unverändert,
nebeneinander benutzt werden.
1. Auflage
© 2006 Hueber Verlag, 85737 Ismaning, Deutschland
Zeichnungen: LYONN cartoons comics illustration, Köln
Verlagsredaktion: Hueber Polska, Agnieszka Mizak; Silke Hilpert, Hueber Verlag, Ismaning
Produktmanagement und Herstellung: Astrid Hansen, Hueber Verlag, Ismaning
Druck und Bindung: Ludwig Auer GmbH, Donauwörth
ISBN 978-19-031817-9

Zur Arbeit mit dem Lehrerhandbuch

Liebe Kursleiterin, lieber Kursleiter,
in diesem Lehrerhandbuch finden Sie alles, was Sie für einen abwechslungsreichen und erfolgreichen Unterricht brauchen.

Konzeption des Lehrwerks

Einleitend finden Sie eine ausführliche Vorstellung und Beschreibung der Konzeption von TANGRAM aktuell. Wir möchten Ihnen damit einen Überblick über den methodisch-didaktischen Ansatz des Lehrwerks geben und Ihnen den Einstieg in die Arbeit mit TANGRAM aktuell erleichtern.

Methodisch-didaktische Hinweise

Zusätzlich zur allgemeinen Konzeptbeschreibung erhalten Sie zu jeder einzelnen Kursbuchseite konkrete und kleinschrittige Vorschläge, Anregungen und Tipps für den Unterricht mit TANGRAM aktuell. Zur schnellen Orientierung sind jedem Arbeitsschritt wesentliche Informationen zum Focus, also dem Übungsschwerpunkt, und den benötigten Materialien vorangestellt:

>   Focus   selegierendes Leseverständnis: Wohnungsanzeigen lesen und Personen zuordnen
>   Material   Kopien von Kopiervorlage 5/3 „Tabelle"

Auch langsamere Lernergruppen werden durch Zwischenschritte in hellem Druck berücksichtigt und Varianten für internationale Kurse und für sprachhomogene Kurse vorgeschlagen. Die prüfungsähnlichen Aufgaben, die auf *Start Deutsch 2* vorbereiten sollen, werden im Unterschied zu allen anderen Aufgaben blau unterlegt. So können Sie den Unterricht an die individuellen Bedürfnisse Ihres Kurses anpassen.

Kurze Hinweise zu den Arbeitsbuchübungen geben einen Überblick über den Übungsschwerpunkt.
Kleine Piktogramme am Rand geben Aufschluss über die empfohlene Sozialform des jeweiligen Arbeitsschritts:

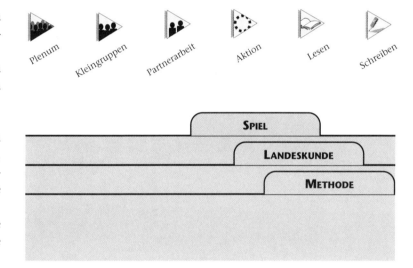

In deutlich abgesetzten Info-Kästen erhalten Sie außerdem weitere methodische Tipps, Hintergrundinformationen zur Landeskunde sowie Ideen für vielseitig einsetzbare Spiele.
Am Ende jeder Lektion finden Sie Vorschläge für auf den Lektionsinhalt abgestimmte Diktate.

Anhang

Hier finden Sie die Transkriptionen aller Hörtexte des Kursbuchs und des Arbeitsbuchs und weiteres Unterrichtsmaterial in Form von Kopiervorlagen zur individuellen Erweiterung Ihres Unterrichts.

Viel Erfolg und Freude beim Unterrichten mit TANGRAM aktuell wünschen Ihnen Autoren und Verlag.

Inhalt

Konzeption des Lehrwerks

Aufbau des Lehrwerks

TANGRAM aktuell ist die an den Referenzrahmen angepasste und überarbeitete Ausgabe von Tangram und ist für Lernende der Grundstufe konzipiert. Das Lehrwerk führt zur Niveaustufe B1 nach dem Gemeinsamen Europäischen Referenzrahmen. Es ist dem Globallernziel „kommunikative Kompetenz" und der Leitidee eines kommunikativen Unterrichts verpflichtet. Nicht nur die Hör- und Lesetexte, auch die vielfältigen Aufgaben und Übungen in Kursbuch und Arbeitsbuch orientieren sich an lebendiger Alltagssprache und fordern die Lernenden zur kreativen Auseinandersetzung mit den Inhalten und der Sprache heraus.

Die Komponenten von Tangram aktuell

TANGRAM aktuell führt in sechs Bänden zur Niveaustufe B1 (Zertifikat Deutsch) des Gemeinsamen Europäischen Referenzrahmens. Zusätzlich gibt es für Vorbereitungskurse auf das Zertifikat Deutsch einen eigenen prüfungsvorbereitenden Band Tangram Z.

Tangram aktuell	Niveaustufen des Europäischen Referenzrahmens	Prüfungen
Tangram aktuell 1 Lektion 1–4 Tangram aktuell 1 Lektion 5–8	Niveau A1/1 Niveau A1/2 ▶ A1	Start Deutsch 1 Start Deutsch 1z
Tangram aktuell 2 Lektion 1–4 Tangram aktuell 2 Lektion 5–8	Niveau A2/1 Niveau A2/2 ▶ A2	Start Deutsch 2 Start Deutsch 2z
Tangram aktuell 3 Lektion 1–4 Tangram aktuell 3 Lektion 5–8	Niveau B1/1 Niveau B1/2 ▶ B1	Zertifikat Deutsch
Tangram Z	Zertifikatstraining	Zertifikat Deutsch

Jeder Band enthält das Kursbuch und das Arbeitsbuch mit der CD zum Arbeitsbuch sowie einen übersichtlichen Grammatikanhang und bietet Material für 50–80 Unterrichtseinheiten (Tangram Z für 80–120 Unterrichtseinheiten) je nach Ausgangssprache und Intensität, in der das Kurs- und Arbeitsbuch im Unterricht behandelt werden. Zusätzlich gibt es zu jedem Band Hörmaterialien auf CD / Kassette. Im Lehrwerkservice unter http://www.hueber.de/tangram-aktuell stehen weitere Übungen, interessante Landeskunde-Texte und methodisch-didaktische Tipps für die Unterrichtsvorbereitung sowie Online-Übungen für die Lernenden zur Verfügung.

Aufbau einer Lektion im Kurs- und Arbeitsbuch

Jeder Band von TANGRAM aktuell enthält vier Lektionen. Die jeweils letzte Lektion (= Lektion 8) am Ende einer Niveaustufe ist der Wiederholung und Vorbereitung auf die Prüfungen Start Deutsch 1 und 2 bzw. Zertifikat Deutsch vorbehalten.

TANGRAM aktuell hat eine transparente, klare Struktur: Der Aufbau der Lektionen orientiert sich am Unterrichtsverlauf und ist so für Lehrende und Lernende leicht nachvollziehbar. Jede Lektion ist in mehrere Sequenzen unterteilt; jede Sequenz behandelt einen thematischen Aspekt in einem kompletten methodischen Zyklus:
• Präsentation neuer Sprache im Kontext
• Herausarbeitung von neuem Wortschatz und neuen Strukturen
• gelenktes Üben und freie Anwendung mit authentischen Sprech- und Schreibanlässen

In jeder Lektion wiederkehrende Bestandteile erleichtern die Orientierung beim Umgang mit Sprache und Lehrwerk:

Der Ton macht die Musik ist die Begegnung mit der Klangwelt der deutschen Sprache. Die phonetische Kompetenz der Lernenden wird hier durch eine Mischung imitativer, kognitiver und kommunikativer Elemente von Anfang an aufgebaut: im Kursbuch auf kreativ-spielerische Weise durch Lieder und Raps, im Arbeitsbuch durch das systematische Training von authentischer Intonation sowie von Lautpaaren und Einzellauten im Kontext von Wörtern, Sätzen, kleinen Dialogen und Versen mit dem bereits bekannten Wortschatz.

Zwischen den Zeilen bezieht bereits von der ersten Lektion an sehr behutsam die verschiedenen Nuancen und Varianten der deutschen Sprache sowie idiomatische Wendungen mit ein (z. B. Was macht Fragen freundlich? Wie kann Ärger oder Mitleid ausgedrückt werden? Unterschiede in gesprochener und schriftlicher Sprache, Gebrauch von Partikeln usw.). Die Phänomene, die hier aufgegriffen werden, beziehen sich jeweils auf Inhalte der Lektion.

Der **Cartoon** im Kursbuch als Schlusspunkt einer Lektion ist als motivierender Sprechanlass gedacht und bietet Möglichkeiten zu einer kreativen Wiederholung und Zusammenfassung der Lektion.

Kurz & bündig steht am Ende jeder Lektion im Kursbuch und eignet sich zur Wiederholung und zum Nachschlagen des Lernstoffs. In kontextualisierter Form sind hier die Grammatik und die wichtigsten Wörter und Wendungen zusammengefasst.

Zu jeder Lektion findet sich im Arbeitsbuch ein Selbsttest **Testen Sie sich!** zur selbstständigen Lernkontrolle der Lernenden, gemäß den Leitsätzen des Referenzrahmens, in denen Lernerautonomie als zentrales didaktisches Ziel formuliert wird. Diese Tests können selbstverständlich auch im Kurs als Abschlusstest gemacht werden und korrigiert werden.

In jeder Lektion im Arbeitsbuch können die Lernenden in der Rubrik **Selbstkontrolle** ihren Lernfortschritt anhand von Aussagen über vorhandene sprachliche Fähigkeiten selbst evaluieren. Diese Aussagen orientieren sich an den „Kann-Beschreibungen" des Referenzrahmens.

Der komplette **Lernwortschatz** der Lektion ist am Ende jeder Lektion im Arbeitsbuch übersichtlich zusammengefasst. Dadurch wird ein gezieltes Vokabeltraining ermöglicht. Eine aktive Auseinandersetzung mit den neuen Vokabeln findet durch das eigenständige Übersetzen in die Muttersprache statt.

Am Ende eines jeden Bands ermöglicht ein transparenter **Grammatikteil** anhand von einfachen Formentabellen und Beispielen die Orientierung über die grammatischen Strukturen.

Didaktischer Ansatz

TANGRAM aktuell führt die Lernenden anhand von authentischen Lese- und Hörtexten sowie authentischen, an den Interessen und sprachlichen Bedürfnissen der Lernenden ausgerichteten Sprech- und Schreibanlässen aktiv an die neue Sprache heran. Ziel ist nicht der theoretische und häufig noch grammatikorientierte Spracherwerb, sondern die kommunikative Kompetenz und die sprachliche Handlungsfähigkeit der Lernenden.

Neue Strukturen erarbeiten die Lernenden nach dem Prinzip der gelenkten Selbstentdeckung eigenständig: Durch eine **induktive Grammatikarbeit** werden die Lernenden befähigt, sprachliche Strukturen und Gesetzmäßigkeiten zu reflektieren, selbst zu erschließen und in Regeln zusammenzufassen. Dabei helfen ihnen die Grammatikkästen, in denen die Regeln oder Formen schon vorformuliert sind. Diese Regelformulierungen sind im Sinne einer Lernergrammatik didaktisch reduziert, beziehen sich auf den jeweils erreichten Sprachstand und erheben keinen Anspruch auf eine umfassende Sprachstandsbeschreibung im linguistischen Sinne. Die Lernenden können diese Grammatikkästen eigenständig oder auch mithilfe der Kursleitenden/des Kursleitenden ergänzen und sind damit aktiv in die Erarbeitung einer neuen Struktur eingebunden. Dadurch verstehen und behalten sie die Grammatik besser.

Der Phase der Erarbeitung folgt eine gelenkte Übungsphase, in der das Entdeckte sich verfestigen kann. Durch lernerorientierte Aufgabenstellungen in Gesprächen und Rollenspielen werden die neuen Strukturen dann situativ eingebettet angewendet.

Neben den Grammatikkästen ermöglichen sogenannte **Infoboxen** als „kommunikative Sprungbretter" den unmittelbaren Gebrauch von wichtigen sprachlichen Strukturen aus einem konkreten Sprechanlass heraus. Die Lernenden sollen sich hier auf die Inhalte konzentrieren und die dafür notwendigen Redemittel „griffbereit" haben. Eine grammatische Vertiefung ist an dieser Stelle nicht beabsichtigt.

> Genitiv bei Namen:
> Rolfs Wohnung =
> die Wohnung von Rolf

Die neuen Strukturen können im Arbeitsbuch anhand von zahlreichen Übungen geübt und vertieft werden. Das Verweissystem in Kurs- und Arbeitsbuch gibt dabei eine Hilfestellung für eine sinnvolle Reihenfolge der Arbeitsschritte.

Neuer **Wortschatz** wird nach Möglichkeit in Wortfeldern und am thematischen Schwerpunkt der Lektion ausgerichtet eingeführt (z. B. TANGRAM aktuell 2, Lektion 5, Wohnstile: Wortfeld „Häuser und Wohnungen"). Ein besonderes Gewicht erhält die im Deutschen so wichtige Wortbildung. Sie ermöglicht den Lernenden bereits von Beginn an einen differenzierten „Wort-Schatz" und regt zum kreativen Ausprobieren der Sprache an.

Auch beim Wortschatztraining steht das aktive Einbeziehen der Lernenden in den Lernprozess im Vordergrund: Zahlreiche Tipps zum systematischen Wortschatzlernen werden in der Rubrik **Lerntipp** (siehe auch unten) gegeben. Am Ende einer jeden Lektion können sich die Lernenden den Lernwortschatz durch das selbstständige Übersetzen in die Ausgangssprache erarbeiten. Was man selbst tut, behält man am besten!

In TANGRAM aktuell findet sich ein ausgewogenes Verhältnis von Lese- und Hörtexten und Sprech- und Schreibanlässen. Alle **Fertigkeiten** werden anhand von authentischem Material und interessanten, abwechslungsreichen Kontexten geübt. Von Beginn an werden gezielt Strategien zu allen Fertigkeiten vermittelt.

Verständliche Aussprache und natürliche Intonation sind für eine erfolgreiche Kommunikation oft wichtiger als grammatikalische Korrektheit. Deshalb sollte von Anfang an und in enger Verbindung mit dem Fertigkeitstraining und der Grammatik- und Wortschatzarbeit auch eine gezielte und gründliche Schulung von **Aussprache und Intonation** erfolgen. Der Satzakzent und die Satzmelodie sind daher in den Beispieldialogen markiert und erleichtern so den Lernenden die korrekte Intonation.

Zusätzlich zum integrierten, die Texte und Übungen begleitenden Phonetik-Training finden sich im Kursbuch Raps, Lieder, Reime und offene Dialoge, die den neuen Wortschatz und die neuen Strukturen noch einmal in kreativ-spielerischer Weise präsentieren und durch starke Rhythmisierung den Charakter des Deutschen als „akzentzählende" Sprache betonen.

Das Arbeitsbuch bietet ein systematisches Training von Einzellauten – natürlich im Kontext von Wörtern, Sätzen und kleinen Dialogen, unter Berücksichtigung der Beziehung zwischen Schreibung und Aussprache und abgestimmt auf Wortschatz und Strukturen der bisherigen Lektionen. Im Unterschied zu den meisten anderen Übungen im Arbeitsbuch sollte dieser Teil im Unterricht behandelt werden. In sprachhomogenen Gruppen kann sich das Phonetik-Training natürlich auf die Laute beschränken, die den Teilnehmern (TN) Schwierigkeiten bereiten. Durch die integrierte Audio-CD können sich Lernende insbesondere in internationalen Kursen auch eigenständig und individuell mit den Lauten befassen, die für sie schwierig sind.

Ausgewiesene **Lerntipps** vermitteln wichtige Techniken für das selbstständige Arbeiten und helfen den Lernenden, neuen Wortschatz auf systematische Weise zu verarbeiten und Lernhilfen, z. B. das Wörterbuch oder den Grammatikanhang, zu nutzen.

Von TANGRAM aktuell 1, Lektion 5–8 an gibt es gestreut über die Lektionen Anregungen für **Kursprojekte**. Damit wird für die Lebendigkeit des Unterrichts und eine Anbindung an die Realität außerhalb des Klassenzimmers gesorgt.

Info-Kästen und Kopiervorlagen

Methode

Rückendiktat	L05 F
Meinungsspektrum	L06 C3
Dialoge inszenieren	L06 Cartoon
Meine Lieblingsfehler	L06 G
Dialekte im Unterricht	L07 B2

Landeskunde

Wohnungssuche in Deutschland	L05 A3
Schultüte	L06 A1
Die Berliner Mauer	L06 E2

Spiel

Wohn(alp)träume	L05 A2
Lebenslauf-Gedichte	L06 A1
Wortschatz-Spiele	L06 E5
Ein Schatz in dieser Stadt	L07 D3

Kopiervorlagen

5/1 „Sehnsucht"	L05 A2
5/2 „Selbstauskunftsformular"	L05 A3
5/3 „Tabelle"	L05 B1
5/4 „Kleines Mieter-Lexikon"	L05 B3
5/5 „Lesetext zu Lektion 5"	L05 Cartoon
6/1 „Stationen des Lebens"	L06 A5
6/2 „Unregelmäßige Verben"	L06 B4
6/3 „Satzanfänge zum Lebenslauf"	L06 C6
6/4 „Nominale Ausdrücke"	L06 F3
6/5 „Lesetext zu Lektion 6"	L06 Cartoon
6/6 „Meine Lieblingsfehler"	L06 G
7/1 „Rollenspiel"	L07 A4
7/2 „Zimmervermittlung"	L07 B6
7/3 „Lesetext zu Lektion 7"	L07 Cartoon
8/1 „Service/Beratung"	L08 A1
8/2 „Fragewörter zuordnen"	L08 A5
8/3 „Ein Alltagsgespräch führen"	L08 A5
8/4 „Einen Artikel schreiben"	L08 B6
8/5 A + B „Etwas aushandeln"	L08 C7

Die erste Unterrichtsstunde

Bevor Sie anfangen …

Wer gerne lernt, lernt besser! Deutsch lernen soll deshalb auch Spaß machen.
Informieren Sie sich, wie viele TN ungefähr im Kurs zu erwarten sind. Schauen Sie sich vor Kursbeginn den Klassenraum an:
Wie ist die Anordnung der Stühle und Tische? Kann man hier gut miteinander arbeiten und lernen? Haben die TN
Blickkontakt zueinander?
Oft ist es sinnvoll, für verschiedene Arbeits- und Übungsformen unterschiedliche Sitzordnungen zu wählen, z. B.

---

* für Gespräche oder gegenseitiges
  Befragen in der Gesamtgruppe

* für die Arbeit in Kleingruppen

* für kleine Kursgruppen

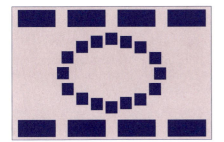
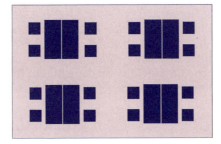
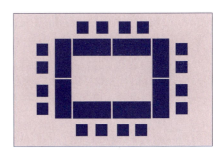

Wenn Sie die Tischordnung während des Unterrichts nicht verändern können, dann stellen Sie Tische und Stühle

bitte so

oder so

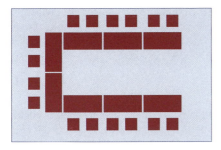
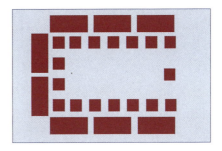

---

aber möglichst nicht so

Der Unterricht beginnt ...

Ihre Gruppe setzt sich ganz neu zusammen und hat bereits Grundkenntnisse in der deutschen Sprache. Das bedeutet, dass sich die TN über die einfachen Vorstellungsrunden hinaus bereits nach weiteren Informationen befragen können. Von den traditionellen Reihum-Vorstellungsrunden raten wir ab: Sehr schnell hören die Teilnehmer dann gar nicht mehr auf die Namen bzw. die Informationen der anderen, sondern konzentrieren sich darauf, was sie selber sagen wollen, wenn sie an der Reihe sind. Hier sind ein paar Vorschläge für den Einstieg. Bei diesen Einstiegsspielen ist es auch immer schön, wenn Sie selbst sich in irgendeiner Form beteiligen, d.h. vielleicht mit einem TN ein Partnerinterview machen (bei ungerader TN-Zahl) oder sich von den TN nach der Vorstellungsrunde befragen lassen.

Variante 1:
Stummes Interview

Die TN arbeiten in Paaren und sollen sich innerhalb einer vorgegebenen Zeit (ca. 3 Minuten) gegenseitig über ihren Beruf, ihre Hobbys, ihre familiäre Situation etc. Fragen stellen und Informationen geben – aber all dies nur mit Mitteln der Mimik, Gestik und Pantomime und Zeichensprache, ohne ein Wort zu reden.
Geben Sie dazu selbst ein paar Beispiele:
– Schwimmbewegungen und begeistert nicken = „ich schwimme gerne"
– Auf den Ehering deuten = „ich bin verheiratet"
– Mit der Hand die Größe eines Kindes andeuten und zwei Finger hochhalten = „ich habe zwei Kinder" oder auch „ich habe ein zweijähriges Kind"
Während des „stummen Interviews" sollte keinesfalls gesprochen werden, der KL sollte immer wieder – am besten mit Mimik und Gestik – an diese Regel erinnern. Im Anschluss an das „stumme Interview" berichtet jeder TN im Plenum, was er glaubt über seinen Partner herausgefunden zu haben; eventuelle Missverständnisse lassen sich dabei klären.

Variante 2
Cocktail-Party

Die TN befinden sich auf einer Cocktail-Party. Wenn Sie Zeit und Lust haben, können Sie für Ihren Kurs dazu auch Erfrischungsgetränke reichen, um die Atmosphäre realistischer und aufgelockerter zu gestalten. Jeder TN muss nun innerhalb einer Viertelstunde mit möglichst vielen anderen TN plaudern und dabei drei Gemeinsamkeiten herausfinden. Im Plenum stellt nun jeder TN einen anderen vor und nennt diese Gemeinsamkeiten. Achten Sie darauf, dass alle TN vorgestellt werden. Variante: Um dieses Kennenlernspiel etwas mehr zu steuern, können Sie auch einen Fragenkatalog mit etwas anderen Fragen oder Stichwörtern (z.B. Schuhgröße, Sternzeichen, Lieblingshausarbeit, Lieblingsbuch etc.) vorgeben. Jeder TN darf einem anderen TN nur max. drei Fragen aus diesem Fragenkatalog stellen. Ziel ist es auch hier, Leute zu finden, mit denen man etwas gemeinsam hat.

Variante 3
Namen-Spiele

Ein sprachlich anspruchsvolles Spiel, wobei die TN mit ihrem jeweiligen Nachbarn versuchen, möglichst viele Adjektive zu finden, die mit dem gleichen Buchstaben des jeweiligen Vornamens beginnen und die jeweilige Person beschreiben, z.B. Maria – mutig, müde, melancholisch, mitteilsam ... Variante: Um eine größere Varietät zu ermöglichen, kann das Spiel auch mit allen Buchstaben des Vornamens gemacht werden, d.h. es müssen zu allen Buchstaben des Vornamens Adjektive gefunden werden, die die Person beschreiben.
Eine andere Möglichkeit ist, den Familiennamen in die Kennenlernphase zu integrieren und möglichst viele Bedeutungen zu finden, die etwas über die Herkunft des Familiennamens aussagen: Land, Region, u.U. Beruf etc.

Gruppen bilden

Der Unterricht wird abwechslungsreicher, wenn Sie häufig zwischen Plenum, Stillarbeit, Partnerarbeit und Kleingruppenarbeit wechseln und wenn Ihre TN die Möglichkeit haben, mit verschiedenen Partnern zusammenzuarbeiten. Keinesfalls sollte die in der ersten Stunde zufällig entstandene Sitzordnung darüber bestimmen, wer für den Rest des Kurses mit wem zusammenarbeitet. Hier einige Tipps, wie Sie Gruppen bilden lassen können:

1   Sie wollen Paare bilden? Die TN zählen ab, z. B. bei einer Gruppe von 14 TN von 1–7 oder bei einer Gruppe von 10 TN von 1–5: Jeder sagt eine Zahl, dann arbeiten die Einser, Zweier usw. zusammen. Das Gleiche geht auch mit dem Alphabet, z. B. bei 14 TN von A bis G abzählen, dann arbeiten die TN mit A, die TN mit B usw. zusammen.

   Sie wollen Dreiergruppen bilden? Teilen Sie die Zahl der TN durch 3 – bei 15 TN also 5 – und lassen Sie von 1–5 abzählen.
2   Verteilen Sie Knöpfe oder Münzen: Die TN mit den gleichen Knöpfen bzw. Münzen arbeiten zusammen.
3   Verteilen Sie Kärtchen – immer zwei (oder mehrere) passen zusammen.
   * mit Zahlen, Symbolen oder Farben
   * mit bekannten Strukturen: Kärtchen A: „Wie geht's?", Kärtchen B: „Danke gut."; Kärtchen C: „Wie heißt du?", Kärtchen D: „Ich heiße Tobias." usw.
   * mit Redewendungen oder Sätzen, z. B. Kärtchen A: „Was sind Sie …", Kärtchen B: „… von Beruf?"
   * mit Wortteilen, z. B. Komposita oder trennbare Verben. Damit die Zusammensetzungen eindeutig sind, empfiehlt es sich, die Komposita oder trennbaren Verben nicht nach ihrer Wortgrenze zu trennen: aufhä - ngen, aufräu - men, staubs - augen, eink - aufen.
   * aus dem Bereich der Grammatik, z. B. Kärtchen A: Infinitiv, Kärtchen B (und C, D…): eine andere Verbform (heißen – ich heiße – er heißt).
4   gruppenbezogen: Die TN finden sich in Paaren, Dreier- oder Vierergruppen nach vorgegebenen Kriterien, z. B. Schuhgröße, Körpergröße, Alter, Sternzeichen, Kleidungsfarben usw.

   Auch eine gezielte Zusammenstellung von Kleingruppen (z. B. Tandem-Modell: Ein „guter" und ein „schwacher" TN arbeiten zusammen; oder in internationalen Kursen die Kombination von TN unterschiedlicher Nationalität) ist oft besser als die Aufforderung „Arbeiten Sie mit Ihrem Nachbarn/Ihrer Nachbarin zusammen."

Gruppenergebnisse auswerten

Beim Bericht über die Arbeitsergebnisse von Kleingruppen im Plenum sprechen meist nur die TN, die ohnehin zu den Aktiven zählen. Oft ist diese Plenumsphase ermüdend, da sich die Ergebnisse wiederholen. Hier einige Vorschläge, um die Auswertungsphase interessanter zu machen und möglichst alle TN einzubeziehen.

Mischgruppen

Phase 1 – Die Gruppenarbeit findet in möglichst gleich großen Kleingruppen statt (z. B. 5 Gruppen à 3 TN). Jeder TN hält die Arbeitsergebnisse seiner Kleingruppe fest. Dann wird in jeder Gruppe reihum abgezählt (bei Dreiergruppen also von eins bis drei; Alternative: vorbereitete Buchstabenkärtchen (A-B-C). Jeder TN hat jetzt eine Zahl bzw. einen Buchstaben.

Phase 2 – Lassen Sie nun neue Gruppen bilden: Alle TN mit der gleichen Zahl bzw. dem gleichen Buchstaben arbeiten zusammen und berichten sich gegenseitig von den Arbeitsergebnissen der vorherigen Kleingruppenarbeit (bei unserem Beispiel gibt es also jetzt 3 Gruppen à 5 TN). Für diese Auswertungsphase können Sie auch zusätzliche Aufgaben stellen, z. B. eine Auswertung nach Gemeinsamkeiten bzw. Unterschieden. Interessanter und anspruchsvoller wird die zweite Phase der Gruppenarbeit, wenn in der ersten Phase in den Kleingruppen unterschiedliche Aufgaben bearbeitet wurden (z. B. unterschiedliche Abschnitte des gleichen Textes, d. h. jede Gruppe erhält den gleichen Textausschnitt, oder unterschiedliche Fragestellungen zu einem Hörtext) und in der zweiten Phase dann die jeweiligen Teilergebnisse zusammengefasst werden (z. B. Rekonstruktion des kompletten Textes aus den Textteilen oder Beantwortung aller Fragen zum Hörtext).

Präsentation

Phase 1 – Lassen Sie so viele Kleingruppen bilden, dass die Zahl der Kleingruppen möglichst genauso groß ist wie die TN-Zahl in einer Kleingruppe (bei 16 TN also 4 Gruppen à 4 TN, bei 15 TN 3 Gruppen à 4 TN und 1 Gruppe à 3 TN, bei 17 TN 3 Gruppen à 4 TN und 1 Gruppe à 5 TN usw.). Die Kleingruppen halten ihre Arbeitsergebnisse auf einem Plakat fest (Beschriftung in großer Schrift mit dicken Filzstiften) und hängen die Plakate an verschiedenen Stellen des Unterrichtsraumes auf.

Phase 2 – Lassen Sie durch Abzählen oder durch Buchstabenkärtchen neue Gruppen bilden (s. o.). Eventuell „überzählige" TN (nur 1 oder 2 TN mit der Zahl 4/5 bzw. den Buchstaben D/E) schließen sich einer der Gruppen an. Die neuen Gruppen versammeln sich um jeweils ein Plakat. Der TN, der an diesem Plakat mitgearbeitet hat, präsentiert jetzt in ca. zwei Minuten die Ergebnisse. Geben Sie ein akustisches Zeichen (Hintergrundmusik unterbrechen, Glocke, Klopfen): Die Gruppen beenden das Gespräch und wandern zum nächsten Plakat weiter, wo ein anderer TN die Präsentation übernimmt.

Schneeball

Der Schneeball zur Auswertung von Partnerarbeit und als Alternative zu Brainstorming-Aktivitäten im Plenum ist besonders geeignet für alle Aufgaben, bei denen die TN Wörter oder Ideen zu einem Thema sammeln und/oder nach Wichtigkeit ordnen sollen.

Phase 1 – Sammeln und Ordnen in Partnerarbeit.

Phase 2 – Zwei Paare kommen zusammen und bilden eine Vierergruppe. Sie vergleichen ihre Listen, streichen Doppelbenennungen und einigen sich auf eine Rangfolge.

Phase 3 – Zwei Vierergruppen kommen zusammen und bilden eine Achtergruppe. Sie vergleichen ihre Listen, streichen Doppelbenennungen, einigen sich auf eine Rangfolge und dokumentieren ihre Ergebnisse auf Plakat oder OHP-Folie.

Phase 4 – Präsentation und Vergleich der Ergebnisse im Plenum.

Lektion 5

Wohnformen

A 2   Kopiervorlage 5/1 „Sehnsucht"

A 3   Kopiervorlage 5/2 „Selbstauskunft"

Arbeitsbuch 1 *(vor Kursbuch A1!):* Wortschatz: Bezeichnungen für Haustypen den Fotos und Beschreibungen zuordnen (Partnerarbeit)

A 1   Focus   Einstieg ins Thema „Wohnformen": verschiedene Haustypen benennen

1. Regen Sie ein Gespräch über die Bilder an, indem Sie nacheinander auf die Fotos zeigen und nach den Bezeichnungen für die jeweiligen Haustypen fragen. Bei unterschiedlichen Nennungen lassen Sie die TN ihren Vorschlag begründen. Die TN schreiben dann die passenden Bezeichnungen unter die Fotos und vergleichen die jeweiligen Lösungen in Partnerarbeit.
   Lösung: A Fachwerk; B Villa; C Wohnblock; D Reihenhaus

2. Erzählen Sie, wie Sie wohnen, z. B. „Ich wohne in einem Altbau." und fragen Sie dann einen TN: „Wie wohnen Sie?", „In was für einem Haus wohnen Sie?" Anschließend gibt der TN die Frage an einen anderen TN weiter, bis alle geantwortet haben. Dabei geht es nicht um umfassende Informationen zur persönlichen Wohnsituation, sondern um die Anwendung des neuen Wortschatzes auf die eigene Wohnsituation.

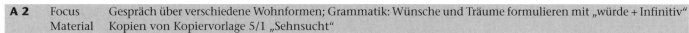

A 2   Focus   Gespräch über verschiedene Wohnformen; Grammatik: Wünsche und Träume formulieren mit „würde + Infinitiv"
       Material   Kopien von Kopiervorlage 5/1 „Sehnsucht"

1. Lesen Sie mit den TN alle Fragen im Buch und klären Sie evtl. unbekannten Wortschatz. Suchen Sie für ein bis zwei Fragen gemeinsam nach Antworten.
2. Sammeln Sie evtl. weitere Fragen. Die TN diskutieren in Kleingruppen die (restlichen) Fragen im Buch.
3. Fragen Sie einen TN: „Wo würden Sie gern wohnen?" und ermuntern Sie ihn, seine Antwort mit einem „weil"-Satz kurz zu begründen. Verweisen Sie bei Schwierigkeiten auf die Infobox und erläutern Sie kurz die Verwendung von „würde + Infinitiv".

4. Die TN gehen im Raum umher und befragen jeden zu seinen Träumen/Wünschen: „Wo würdest du gern wohnen? Warum?" und notieren die Antworten. Schreiben Sie an die Tafel: „Er/Sie würde gern … wohnen, weil …" Die TN benutzen diese Struktur und berichten im Plenum.
   Variante: Führen Sie das Spiel „Wohn(alp)träume" durch.

5. Zeichnen Sie eventuell das Häuschen aus dem Gedicht (Abfolge von links nach rechts: Bad, Zimmer, WC) an die Tafel. Lesen Sie dann das Gedicht von Heinz Erhardt einmal möglichst ausdrucksvoll bei geöffneten Büchern vor und zeigen Sie währenddessen jeweils auf den „Ort des Geschehens". Bei Verständnisschwierigkeiten, insbesondere der Wörter „Machwerk" und „hinterrücks", ermuntern Sie die TN, sich die Bedeutung selber zu erschließen, indem sie die Wörter in ihre Bestandteile zerlegen (machen + Werk; hinter + Rücken). Verteilen Sie dann die Kopien der Kopiervorlage 5/1 und lassen Sie die TN die Satzanfänge mittels der Vorgaben im Kasten oder eigener Ideen vervollständigen. Freiwillige TN tragen ihre Gedichte im Plenum vor.

Zusatzübung: Lassen Sie die TN sich gegenseitig ihre Traumhäuser beschreiben und sich zum Traumhaus des Partners Notizen machen. Anschließend formuliert jeder aus seinen Stichpunkten einen Text. Gehen Sie herum und helfen Sie bei Problemen. Anschließend sammeln Sie die Texte ein und verteilen sie neu, sodass jeder TN den Text eines anderen bekommt. Jeder liest seinen Text und geht dann herum und versucht durch Ja/Nein-Fragen herauszufinden, um wessen Traumhaus es sich handelt. Besonders originelle Traumhäuser können im Plenum vorgestellt werden.

Arbeitsbuch 2–4: Wortschatzübungen

2   Komposita bilden und mit Wörterbuch vergleichen; Geschichte schreiben (Partnerarbeit oder Hausaufgabe)

3   Komposita aus Übung 2 in Lückentext ergänzen (Hausaufgabe)

4   Freies Schreiben: Häuser beschreiben (Kleingruppen oder Hausaufgabe)

SPIEL

Wohn(alp)träume

Schreiben Sie die folgenden sechs Fragen an die Tafel:

	1) mit X zusammen wohnen?
	2) … in einem/einer X wohnen?
„Würdest du gern …	3) … in der Stadt X leben?
	4) … als Haustier einen/eine/ein X haben?
	5) … für deine Wohnung einen/eine/ein X kaufen?
	6) … mit deinem Nachbarn Xen?" (X = verbale Ergänzung)

Klären Sie die Fragen und sammeln Sie, wenn Sie das Spiel flüssiger gestalten wollen, im Plenum möglichst originelle/anregende Beispiele dafür, was man für X einsetzen könnte. Bilden Sie in größeren Gruppen Kleingruppen von 3 bis 6 TN, die Fragen werden auf die TN verteilt, sodass jeder TN eine andere Frage übernimmt. In den Dreiergruppen übernimmt ein TN jeweils zwei Fragen. Nun überlegen sich die TN eine Ergänzung für X. TN 1 fragt nun einen Mitspieler aus seiner Gruppe. TN 2 antwortet mit „ja" oder „nein" und begründet seine Entscheidung mit einem „weil"-Satz. Dann stellt TN 2 seine Frage an TN 3. So entspinnt sich ein Frage-Antwort-Netz, bei dem jeder TN einmal als Frager und einmal als Antwortgeber zu Wort kommt, in den Dreiergruppen entsprechend öfters. In kleineren Gruppen können Sie das Spiel auch im Plenum spielen. Die Fragen werden auf die TN verteilt, indem jeder TN einmal würfelt. Die gewürfelte Augenzahl entspricht der Nummerierung der Fragen. Dann fahren Sie fort wie oben beschrieben.

A 3 Focus   Leseverständnis: Fotos den Formularen zuordnen
       Material   OHP-Folie von Kopiervorlage 5/2 „Selbstauskunft"

1. Lesen Sie mit den TN das erste Formular im Buch oder am OHP (Kopiervorlage 5/2). Fragen Sie: „Was ist das?", „Welche Informationen bekommt man?" Klären Sie evtl. unbekannten Wortschatz.

2. Die TN lesen das zweite Formular auf S. 3 und suchen die Fotos, die zu den Formularen passen. Vergleich in Partnerarbeit, dann im Plenum.
   Lösung: Formular links D;   Formular rechts B

A 4 Focus   Vermutungen zu Wohnformen äußern

1. Fragen Sie: „Was für eine Wohnung sucht das Paar von Bild F? Was meinen Sie?" Lesen Sie evtl. mit einem TN dialogisch das Beispiel im Buch.
2. Schreiben Sie Redemittel, mit denen Vermutungen ausgedrückt werden können, exemplarisch an die Tafel: „Ich glaube, …", „Vielleicht …", „Bestimmt …" etc.
3. Die TN sprechen nun in Kleingruppen über die restlichen Fotos.

Internationale Kurse: Regen Sie ein Gespräch darüber an, wie die TN ihre Wohnung am Kursort gefunden haben und welche Erfahrungen sie dabei gemacht haben. Anschließend sollen die TN in (nationalen) Kleingruppen darüber sprechen, welche Schwierigkeiten sie bei der Wohnungssuche hatten, und Tipps zusammenstellen, die jemand aus ihrem Herkunftsland bei der Wohnungssuche am Kursort beachten sollte.

Sprachhomogene Kurse: Lassen Sie die TN erörtern, inwiefern sich die Wohnungssuche in ihrem Land von der im deutschsprachigen Raum unterscheidet. Anschließend sollen die TN in Kleingruppen Tipps zusammenstellen, die ein Wohnungssuchender aus dem deutschsprachigen Raum in ihrem Land beachten sollte.

Arbeitsbuch 5: Fragen zu den Angaben im Selbstauskunftsformular zuordnen, Formular ausfüllen (Stillarbeit oder Hausaufgabe)

LANDESKUNDE

Wohnungssuche in Deutschland
In Deutschland sind die wenigsten Leute Eigentümer der Wohnung, in der sie wohnen, da in vielen Städten die Kaufpreise extrem hoch sind. Deshalb mieten viele eine Wohnung an, was insbesondere in den Großstädten einen großen Markt an Mietgesuchen und Vermietungen hat entstehen lassen. Diese werden in der Regel zweimal pro Woche in den regionalen Tageszeitungen und in den regelmäßig erscheinenden Annonce-Zeitschriften, auch im Internet, veröffentlicht. Dort inserieren der Vermieter bzw. Wohnungseigentümer und der Wohnungssuchende selbst sowie der mit der Vermietung oder der Wohnungssuche beauftragte Makler.
Der angebotene und gesuchte Wohnraum reicht von einem Zimmer zur Untermiete über die Ein- und Mehrzimmermietwohnung und das Einfamilienhaus bis zur großen Villa. Viele finden ihre Wohnung auch über Verwandte, Freunde oder Bekannte, die einen Nachmieter für ihre Wohnung suchen oder jemanden kennen, der eine Wohnung vermietet.
Insbesondere in Zeiten, in denen eine rege Nachfrage herrscht, beauftragen private Vermieter häufig Makler mit der Vermietung, vor allem, wenn sie mehrere Wohnungen besitzen. Die Vermittlung durch einen Makler muss der Mieter in Form einer Courtage (= Maklergebühr) bezahlen. Die vom Mietinteressent auszufüllende Selbstauskunft dient als erste Orientierung.
Mietverträge (meist standardisierte Formulare) werden im Normalfall schriftlich abgeschlossen und beinhalten Rechte und Pflichten der Vertragspartner (z.B. Miete, Nebenkosten, Instandhaltung wie Reparaturen, Kündigungsfristen etc.). Üblicherweise sind Mietverträge unbefristet, d.h. das Mietverhältnis läuft auf unbestimmte Zeit. Für Mieter und Vermieter gelten die gleichen Kündigungsfristen, je nach Wohndauer zwischen drei und zwölf Monaten. Zeitmietverträge, in denen das Vertragsende von vornherein festgelegt ist, sind dagegen eher selten.
Die Mietpreise werden von Angebot und Nachfrage bestimmt. In Großstädten sind die Mieten deshalb grundsätzlich höher als in Kleinstädten oder auf dem Land. In Westdeutschland sind die Mieten seit 1990 im Durchschnitt um 36,1 % gestiegen. Wer z.B. 1990 noch 350,– Euro für seine Wohnung zahlte, muss heute rein statistisch 480,– Euro aufbringen. Die Mietbelastung betrug 1997 durchschnittlich 25,6 % des Nettoeinkommens im Westen und 21,1 % im Osten.

A 5 Focus   Anwendungsübung: Rollenspiel zur Wohnungssuche

1. Die TN lesen die Wohnungsanzeige. Klären Sie im Plenum die Abkürzungen.
2. Die TN lesen zunächst den Beispieldialog in Partnerarbeit. Gehen Sie dabei herum und machen Sie die TN gegebenenfalls noch einmal auf Betonung und Satzmelodie aufmerksam. Nun überlegen sich die TN, was sie gern über den möglichen Mieter wissen möchten.
3. Entwickeln Sie gemeinsam Fragen an der Tafel.

4. Die TN notieren Fragen und interviewen sich dann gegenseitig, indem jeder TN einmal die Rolle des Vermieters und einmal die Rolle des Interessenten übernimmt.
5. Die TN berichten, was sie über ihren „Interessenten" erfahren haben und diskutieren anschließend, welche Interessenten für die annoncierte Wohnung infrage kommen und begründen dies mit den persönlichen Daten, die für die Entscheidung wichtig waren.

Lektion 5

B Wohnung dringend gesucht!

Auf Wohnungssuche

B 1   Kopiervorlage 5/3 „Tabelle"
B 3   zerschnittene Kopie(n) der Aufgabe *(Variante)*; Kopiervorlage 5/4 „Kleines Mieter-Lexikon" und Schnipseltext *(Zusatzübung)*

Arbeitsbuch 6–8 *(vor Kursbuch B1!)*: Wortschatzübungen zu Abkürzungen in Wohnungsanzeigen und Anzeigenauswertung
6   Zuordnungsübung zu Abkürzungen in Wohnungsanzeigen (Partnerarbeit)
7   Wohnungen aus den Wohnungsanzeigen vergleichen (Partnerarbeit)
8   Leseverständnis: (selegierendes Lesen) Wohnungsangebote Wünschen von Personen zuordnen (Partnerarbeit)

B 1	Focus	selegierendes Leseverständnis: Wohnungsanzeigen lesen und Personen zuordnen
	Material	Kopien von Kopiervorlage 5/3 „Tabelle"

1. Zeigen Sie auf die Wohnungsanzeigen im Buch und fragen Sie die TN: „Was sind das für Texte?", „Wo stehen sie?" Fragen Sie außerdem: „Was für Wohnungen oder Häuser werden angeboten?", „Wer bietet sie an?" und fordern Sie die TN dann auf, die Anzeigen kurz zu überfliegen.

2. Weisen Sie auf die Fotos von A3 und fragen Sie die TN: „Welche Wohnung ist für die Personen auf Foto A interessant?" und diskutieren Sie die Möglichkeiten zu Foto A gemeinsam.

3. Verteilen Sie die Kopien der Kopiervorlage 5/3 und lassen Sie die Anzeigen mithilfe des Rasters auswerten. Gehen Sie die markierten Beispiele und wenn nötig noch weitere gemeinsam durch. Da unterschiedliche Lösungen möglich sind, müssen die jeweiligen Entscheidungen gut begründet werden, z. B. „Anzeige 7 passt zu Foto C, weil die Wohnung sechs Zimmer hat und WGs erlaubt sind." usw.

Lösung (variiert je nach Vorgabe durch die TN in A3): **A** 5/6/7; **B** 1; **C** 7; **D** 5; **E** 1/3/4/5/8; **F** 1/2/3/4

Zusatzübung: Die Wohnungsanzeigen sind aus dem Frankfurter Raum. Bei Inlandskursen können Sie noch aktuelle Wohnungsanzeigen aus dem Kursort mitbringen oder Sie lassen die TN Anzeigen suchen, um die ortstypischen Abkürzungen kennenzulernen: Geben Sie Rollen vor (z. B. Sie sind eine Familie mit zwei kleinen Kindern und wollen ein Häuschen im Grünen mieten. Es darf nicht mehr als 1300,– € kalt kosten usw.) und lassen Sie entsprechende Wohnungen in Kleingruppen finden. Sie können entweder allen Gruppen dieselbe Rolle zuteilen und die TN dann unterschiedliche Angebote heraussuchen lassen, die im Plenum verglichen und diskutiert werden. Oder jede Gruppe erhält eine andere Rolle und stellt ihr Ergebnis anschließend im Plenum vor. Gehen Sie während der Gruppenarbeit herum und helfen Sie bei Problemen. Schreiben Sie neue Abkürzungen an die Tafel.

B 2	Focus	selegierendes Hörverständnis: Bilder und Anzeigen den Dialogen zuordnen, Notizen zum Gespräch machen

1. Spielen Sie zunächst nur den ersten Dialog vor und erklären Sie die Aufgabe anhand der Beispieleintragung.
2. Lassen Sie die TN den Dialog ein (weiteres) Mal hören und bitten Sie sie auf das Ergebnis des Gesprächs bzw. den Besichtigungstermin zu achten und sich im Buch Notizen zu machen. Vergleich im Plenum.
3. Spielen Sie die (restlichen) Dialoge vor – mit Pause nach jedem Text – und lassen Sie die TN im Buch die Lösungen eintragen, die sie anschließend in Partnerarbeit und dann im Plenum vergleichen. Nehmen Sie unterschiedliche Lösungen zum Anlass für nochmaliges Hören.
   Lösung: **1** 6, Vermieter will keine WG; **2** 7, Termin morgen um 11 Uhr; **3** 6, Termin heute Abend, so gegen acht Uhr; **4** 4, Wohnung ist schon weg; **5** 1, Termin heute um 19 Uhr; **6** 6, Termin heute Abend, um halb acht

4. Die TN diskutieren nun in Kleingruppen und übernehmen dabei die Rolle der Maklerin bzw. des Vermieters. Die TN überlegen gemeinsam, welchem der Interessenten sie die jeweilige Wohnung geben/nicht geben würden, und warum. Die Gruppe sollte sich auf einen Mieter einigen. Anschließend präsentieren und vergleichen die Gruppen ihre Ergebnisse im Plenum.

Arbeitsbuch 9–10: Dialoge zwischen Vermieter und Mieter
  9   Fragen den Antworten zuordnen (2 Dialoge), Vergleich mit Hörtext, einen Dialog spielen (Partnerarbeit und Plenum)
10   Eigenen Dialog schreiben und spielen (Hausaufgabe oder Partnerarbeit)

B 3	Focus	Anwendungsübung: Dialoge zwischen Vermieter und Wohnungssuchenden spielen
	Material	*Variante:* zerschnittene Kopie(n) der Aufgabe; *Zusatzübung:* Kopien von Kopiervorlage 5/4 „Kleines Mieter-Lexikon" und Schnipseltext

1. Die TN lesen die Anzeigen im Buch, helfen Sie gegebenenfalls bei der Auflösung der Abkürzungen. Die TN finden sich in Zweier- oder Dreiergruppen zusammen und einigen sich darauf, wer eine Wohnung vermietet (1 und 2) und wer eine sucht (A, B, C), und wählen sich dementsprechend ihre Rollen aus. Die Rolle des Wohnungssuchenden kann je nach Situation von mehreren TN gespielt werden. Der Vermieter zeigt nun auf die Wohnungsanzeige im Buch, damit seine Mitspieler wissen, wo sie anrufen, der Vermieter weiß allerdings nicht, welche der Situationen A, B, C von seinen Mitspielern ausgewählt wurde.
   Variante: Wenn Sie die Verteilung der Rollen mehr beeinflussen möchten, zerschneiden Sie die Kopie(n) der Aufgabe in die jeweiligen Rollen und lassen Sie die TN ihre jeweilige Rolle ziehen. Achten Sie bei Erstellung der Rollenkärtchen darauf, dass die Hälfte der TN Vermieter sind und die andere Hälfte Wohnungssuchende.
2. Die TN bereiten sich nun je nach ausgewählter Situation in Stichworten auf das Telefongespräch vor, die Wohnungssuchenden überlegen sich Fragen, der Vermieter überlegt sich Argumente, wie er seine Vorstellungen äußert. Helfen Sie schwächeren TN. Die TN üben zunächst in der Gruppe, indem sie sich Rücken an Rücken setzen, um die Telefonsituation realistischer zu gestalten. Wer möchte, trägt sein Gespräch anschließend im Plenum vor.
   Zusatzübung (für Inlandskurse): Verteilen Sie eine Kopie des vergrößerten Textes der Kopiervorlage 5/4 und die einzufüllenden Begriffe an die Gruppen. Fordern Sie die TN auf, zunächst die Begriffe zu lesen. Die TN nehmen sich dann jeweils einen Textabschnitt, lesen ihn gemeinsam und überlegen, welcher Begriff in welche Lücke passen könnte. Dann unterstreichen sie die Wörter, die für diesen Begriff sprechen. Auf diese Weise bearbeiten sie jeden Abschnitt. Die Lösungen werden anschließend im Plenum verglichen.

Arbeitsbuch 11: E-Mail nach Vorgaben schreiben (Hausaufgabe)

C   Der Ton macht die Musik

Focus   „Der Wohnungsgesuche-Rap": Lückentext ergänzen

1. Klären Sie mit den TN vorab die zu ergänzenden Wörter, dann lösen Sie die erste Strophe mit den TN und machen Sie sie darauf aufmerksam, dass es eine Hilfe ist, auf die Reime zu achten.

2. Die TN suchen zusammen nach den passenden Ergänzungen für den Liedtext.
Lösung: **1** an, spazieren; **2** Schloss, recht, immer, Küche, geh'n, Hochhaus; **3** normal, Klavier, allein, Einkommen

3. Spielen Sie den Liedtext (mit Pausen, evtl. auch mehrmals) vor, sodass die TN ihre Lösungen selbst korrigieren können.

4. Spielen Sie das Lied noch weitere Male vor (je nach Interesse der TN). Die TN lesen oder singen mit. Sie können die TN auch zum Mitschnippen, Klatschen, Tanzen usw. animieren.

   Zusatzübung: Regen Sie eine Diskussion zur Wohnungsmarktsituation im Heimatland/den Heimatländern der TN an. Sammeln Sie hierfür die im Lied genannten und weitere Probleme bei der Wohnungssuche an der Tafel. Fragen Sie die TN, ob es ähnliche Probleme in ihrem Land/ihren Ländern gibt und lassen Sie die TN Vergleiche anstellen.

Arbeitsbuch 12–16: Übungen zu den „e"-Lauten; Schwerpunkt: unbetontes „e"

12   Spielen Sie die Tonaufnahme vor und machen Sie die TN auf die unterschiedliche Lautqualität der „e"-Laute aufmerksam.

13   Die TN hören die Wörter und markieren die Lösung. Anschließend vergleichen sie mit dem Hörtext, sprechen die Wörter nach und markieren dann den Wortakzent. Geben Sie den TN genügend Zeit, ihre Lösungen zu vergleichen und den Wortakzent zu markieren. Sammeln Sie die Lösungen bei Unklarheiten an der Tafel oder auf einer OHP-Folie. Die TN ergänzen in Partnerarbeit die Regel, geben Sie eine Zeit vor (ca. 5 Minuten), danach vergleichen bzw. ergänzen Sie wenn nötig im Plenum.

14   Die TN unterstreichen den kurzen „e"-Laut in Partnerarbeit, hören die Lösung von der CD und sprechen die Wörter nach.

15   Die TN üben in Partnerarbeit wie vorgegeben. Gehen Sie herum und helfen Sie bei Ausspracheproblemen.

16   Spielen Sie den Hörtext vor, die TN lesen zunächst (leise) mit und entscheiden sich dann für einen der Texte. Der „Traummakler" sollte auf jeden Fall im Dialog gesprochen werden.

D Wohnwelten
Wohnstile verschiedener Generationen

Arbeitsbuch 17–20 *(vor Kursbuch D1):* Wortschatzübungen: Wohnungseinrichtung, Wohnstile, Zimmer

17   Komposita zu Einrichtungsgegenständen nach Vorgaben bilden und weitere abgebildete Dinge benennen (Partnerarbeit)

18   Kategorisierung von Adjektiven; zur Beschreibung von Wohnstilen; Zimmer beschreiben (Partnerarbeit)

19   Zimmer und Orte in und um Haus und Wohnung bestimmen (Partnerarbeit)

20   Hörverstehen: Geräusche Zimmern und Orten zuordnen (Einzelarbeit/Plenum)

D 1   Focus   Einstieg ins Thema „Wohnstile verschiedener Generationen": Gespräch über die Wohnungseinrichtungen

1. Sprechen Sie über die Fotos, indem Sie die TN zu Beschreibungen der Wohnungen und Vermutungen über die Personen anregen. Lesen Sie dazu mit einem TN den Beispieldialog. Die TN sprechen dann jeweils zu zweit.

2. Fordern Sie sie auf, sich eine „Lieblingswohnung" bzw. eine „Alptraumwohnung" auszusuchen und ihre Wahl zu begründen. Die TN sollten ebenfalls auf die Bewohner eingehen und darüber diskutieren, ob und warum die jeweilige Wohnung zu den Personen passt. Der Genitiv soll hier nicht näher thematisiert werden. Verweisen Sie lediglich auf die Infobox und erklären Sie kurz die Möglichkeit, mit einem angehängten „s" am Vornamen alternativ zu „von + Vorname" den Besitzer einer Sache zu benennen.

D 2   Focus   Gespräch über die Personen, Vermutungen äußern, Bilder zuordnen

1. Weisen Sie darauf hin, dass die Fotos drei junge Leute und deren Eltern zeigen. Fragen Sie: „Wer gehört wohl zusammen? Was meinen Sie?" Sammeln Sie einige Antworten und lesen Sie evtl. mit einem TN den Beispieldialog im Buch.

2. Die TN diskutieren ihre Vermutungen in Kleingruppen, begründen jeweils ihre Meinung und notieren ihre Ergebnisse neben den Fotos. Vergleichen Sie anschließend die Ergebnisse im Plenum, dann mit den Seiten 8 und 9. Die TN begründen abweichende Meinungen. Es kommt hier nicht auf die richtige Lösung, sondern auf gute Begründungen an.

Lektion 5

D 3 Focus selegierendes Leseverständnis: Notizen machen, Aussagen der Personen vergleichen

1. Verteilen Sie jeweils zwei Texte an eine Kleingruppe oder lassen Sie die TN selbst zwei Texte wählen. Lesen Sie mit den TN die Fragen auf S. 9 unten. Zeichnen Sie das Schema aus dem Buch an die Tafel und erklären Sie die Aufgabe anhand der Beispieleintragung und der passenden Textstelle.

2. Jede Gruppe füllt nun das Schema zu ihrer Familie aus. Geben Sie eine Zeit vor, sodass alle Gruppen gleichzeitig fertig sind (zwischen 15 bis 20 Minuten). Gehen Sie während der Gruppenarbeit herum und helfen Sie wenn nötig bei Verständnisschwierigkeiten.

Lösungsvorschlag:

	eigene Wohnung	Wohnung der Eltern/Kinder	Beziehung zu den Eltern/Kindern
Rolf	großzügig, wie im Beruf, viel Platz, viel Licht	fast spießig, kein Stil	Eltern sind bescheidener und konservativer, nicht so spontan, haben länger Freude an ihren Sachen, sehen sich höchstens einmal im Monat
Eltern Lang	schön, ruhig, mitten im Grünen	zu kalt, nichts Gemütliches	fällt ihnen schwer, Rolf zu verstehen, denkt nicht an später, Leben voller Luxus
Birke	einfach, schnuckelig, klein, billige und praktische Möbel	viel zu steril, superclean und -ordentlich	verstehen sich gut miteinander, treffen sich alle zehn Tage, nur bei den Eltern
Eltern Breckwoldt	maßgeschneiderte Möbel, Innenarchitekt gestaltet Wohnung	unordentlich, chaotisch	akzeptieren sie so, wie sie ist, obwohl sie ihnen zu chaotisch ist, Unordnung bei Birke gefällt ihnen nicht, deswegen besuchen sie sie selten, wollen sich in ihren Lebensstil nicht einmischen
Ute	Mietwohnung, viele alte Sachen von den Eltern	gemütlich	sehen sich oft, wohnen nahe beisammen
Eltern Mehlich	so ähnlich wie die Wohnung ihrer Tochter	gemütlich, schick, so wie die eigene Wohnung, nur die schwarze Schrankwand gefällt nicht	sind froh, Ute jetzt wieder in ihrer Nähe zu haben

3. Die Gruppen berichten nun in der Reihenfolge der Texte über das, was sie aus dem Text erfahren haben. Nach jedem Eltern-Text suchen die TN Aussagen, in denen sich die Wahrnehmungen der Kinder und ihrer Eltern widersprechen.
Variante: Die „Eltern" und ihre „Kinder" setzen sich zusammen und vergleichen ihre Aussagen miteinander. Anschließend berichten die Gruppen im Plenum, worin die Widersprüche liegen.

D 4 Focus Grammatik: Erkennen von „Infinitiv mit zu"

1. Schreiben Sie die ersten Sätze an die Tafel, fragen Sie nach den Verben und nach der Form (Infinitiv), unterstreichen Sie sie und machen Sie dabei gegebenenfalls auf das „zu" beim Infinitiv aufmerksam.
2. Die TN unterstreichen in Stillarbeit die (restlichen) Infinitive mit „zu" und vergleichen ihre Ergebnisse anschließend mit ihrem Partner, dann im Plenum.
3. Die TN ergänzen in Partnerarbeit die Regeln. Danach werden die Regeln gemeinsam im Plenum besprochen. Bei Unsicherheiten erläutern Sie die Regeln noch einmal exemplarisch an den Beispielsätzen.

Lösung: **1** Der „Infinitiv mit zu" steht nach einigen *Verben* und Ausdrücken. Er kann weitere Ergänzungen haben, aber „zu + Infinitiv" steht immer *am Ende*; **2** Bei trennbaren Verben steht „zu" zwischen *Vorsilbe* und Verbstamm; **3** Steht der „Infinitiv mit zu" im Perfekt, dann steht „zu" zwischen dem *Partizip Perfekt* und „sein" oder „haben"; **4** Gibt es beim „Infinitiv mit zu" ein Modalverb, dann stehen beide Verben *im Infinitiv*; „zu" steht zwischen Verb und *Modalverb*.

D 5 Focus Grammatik: Systematisierung von „Infinitiv mit zu"

1. Zeichnen Sie die Tabelle aus dem Buch an die Tafel. Machen Sie die TN anhand der Eintragungen im KB auf die zu suchenden Ausdrücke aufmerksam. Die TN ordnen die in den Sätzen (D4) vorkommenden Ausdrücke zu. Sammeln Sie sie anschließend an der Tafel.

Lösung:

„Infinitiv mit zu" nach Verben	Adjektiv/Nomen + sein	Nomen + haben
(sich) vorstellen	es ist ganz normal	Angst haben
versuchen	es ist schlimm	(keine) Zeit haben
schwerfallen	es ist bitter	

2. Die TN suchen in den Texten 3–6 weitere „Infinitive mit zu" und unterstreichen die dazugehörigen Ausdrücke und tragen diese anschließend in ihre Tabelle ein. Zuerst vergleichen die TN ihre Listen in Kleingruppen. Besprechen Sie dann die Lösungen evtl. im Plenum und ergänzen Sie die Tabelle an der Tafel mit den neuen Ausdrücken. Weisen Sie abschließend auf den Lerntipp hin. Sammeln oder machen Sie Vorschläge für die Gestaltung der Listen (z. B. pro Kategorie, z. B. „Verben", jeweils eine Liste) und geben Sie ein Beispiel für passende Aussagen: z. B. *vergessen: Ich vergesse nie, den Herd auszumachen.* Fragen Sie einen TN: „Und was vergessen Sie nie?", der nach Beantwortung der Frage einen anderen TN fragt, usw. Bitten Sie die TN zu Hause aus den bisherigen Ausdrücken ihre eigenen Listen mit persönlichen Aussagen über sich anzufertigen, die dann zu Beginn des kommenden Unterrichtstages wie im Lerntipp beschrieben als Aufwärmübung dienen können.

Lösung:

„Infinitiv mit zu" nach Verben	Adjektiv/Nomen + sein	Nomen + haben
glauben	es ist mir peinlich	(nicht) das Recht haben
bitten	es ist schwer	
erlauben	es ist nicht einfach	
	froh sein	
	es ist ihr Stil	
	es ist ein schönes Gefühl	

Zusatzübung: Jeder TN wählt einen Satzanfang aus der Liste aus und schreibt ihn auf ein leeres Blatt Papier. Dieses wird nun herumgegeben und von den anderen TN ergänzt. Man kann die Satzanfänge auch an die Wand hängen und die TN auffordern, drei Sätze ihrer Wahl zu beenden.

Arbeitsbuch 21–23: Hörverständnis; Systematisierung der Grammatik
21 Selegierendes Hörverständnis: Notizen zu den Problemen der Personen machen (Einzelarbeit im Kurs)
22 Passende Satzteile zuordnen und mit Hörtext vergleichen (Partnerarbeit oder Hausaufgabe)
23 Gelenkte Anwendungsübung zu „Infinitiv + zu": einen kleinen Text schreiben (Hausaufgabe)

| D 6 | Focus | Gelenkte Anwendungsübung zu „Infinitiv mit zu": Sätze ergänzen |

1. Schreiben Sie die Wörter *Tochter/Sohn* und *Eltern* an die Tafel und den jeweils ersten Satz, der ergänzt werden soll. Sagen Sie: „Jetzt sind Sie die Tochter/der Sohn, welche Erfahrung haben Sie mit Ihren Eltern gemacht? Wie können Sie den Satz ergänzen?"

Sammeln Sie an der Tafel einige Beispiele. Dann wechseln Sie die Perspektive. Was können die Eltern sagen? Lassen Sie den ersten Satz der Eltern ergänzen. Bilden Sie dann Kleingruppen, die sich nur mit einer Rolle auseinandersetzen, also nur die Tochter/Sohn- oder Eltern-Perspektive übernehmen.

Tochter/Sohn	Eltern
Ich habe keine Lust,	Sie/Er glaubt,

2. Die TN ergänzen nun in Kleingruppen die (restlichen) Sätze. Gehen Sie herum und helfen Sie.

| D 7 | Focus | Gelenkte Sprechübung zu „Infinitiv mit zu": Interview; freies Schreiben |

1. Die TN finden sich in neuen Kleingruppen zusammen: Die TN, die die Eltern-Sätze ergänzt haben, suchen sich allein oder zu zweit eine Tochter/einen Sohn aus den entsprechenden Tochter/Sohn-Kleingruppen. Dazu kommt eine Interviewerin/ein Interviewer, der die Fragen stellt.

2. Die Eltern und das Kind bereiten sich jeweils auf ihre Rollen vor, indem sie sich Notizen zu den Fragen machen und ihre Sätze aus D6 evtl. noch einmal durchlesen. Die Interviewerin/der Interviewer kann weitere Fragen notieren. Geben Sie den TN dafür ca. 5 Minuten Zeit.

3. Das Interview wird in der Kleingruppe durchgeführt. In besonders spielfreudigen Gruppen können Sie zwei bis drei Interviews auch im Plenum vorspielen lassen.

4. Fordern Sie die TN nun dazu auf, mithilfe ihrer Notizen einen eigenen Text über sich und ihre Eltern zu schreiben (evtl. auch als Hausaufgabe).

| D 8 | Focus | Freie Anwendungsübung zu „Infinitiv mit zu": in Gruppen spielen und Sätze ergänzen |

Bei diesem Spiel geht es um eine spielerische und freie Anwendung der Ausdrücke in D5 sowie um Schnelligkeit. In möglichst kurzer Zeit müssen so viele Satzanfänge wie möglich ergänzt werden. Die TN finden sich in zwei Groß- oder mehreren Klein-Gruppen zusammen. Die erste Gruppe nennt laut einen Satzanfang, welche Gruppe zuerst den Satz richtig beenden kann, bekommt einen Punkt. Wer zuerst 10 Punkte hat, hat gewonnen.

Arbeitsbuch 24: Sprechübung zu „Infinitiv + zu" (Hausaufgabe)

E   Zwischen den Zeilen

E 1   Focus   Grammatik: Systematisierung von „deshalb", „weil", „trotzdem", „obwohl"

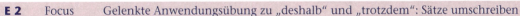

1. Schreiben Sie die beiden Sätze „Rolf hat wenig Zeit. Er trifft seine Eltern höchstens einmal im Monat." an die Tafel. Fragen Sie die TN dann: „Warum besucht Rolf seine Eltern höchstens einmal im Monat?" und verbinden Sie die beiden Sätze mit einem „weil". Schreiben Sie dann die Sätze mit „deshalb" als Kontrast darunter und lassen Sie die Sätze vergleichen (Verbstellung, Betonung). Suchen Sie evtl. weitere Beispielsätze mit „weil" und „deshalb", verfahren Sie genauso mit „obwohl" und „trotzdem"

2. Die TN ergänzen in Partnerarbeit die Regeln und vergleichen ihr Ergebnis anschließend im Plenum.
Lösung: Mit *weil* betont man den Grund, mit *deshalb* die Folge. Mit *obwohl* betont man den Gegengrund, mit *trotzdem* die unerwartete Folge. Sätze mit „weil" und „obwohl" sind *Nebensätze* (= Verb am Ende), Sätze mit „deshalb" und „trotzdem" sind *Hauptsätze* (= Verb auf Position 2).

E 2   Focus   Gelenkte Anwendungsübung zu „deshalb" und „trotzdem": Sätze umschreiben

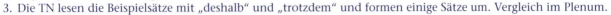

1. Erklären Sie die Aufgabenstellung anhand der Beispieleintragung im Buch und lösen Sie das nächste Beispiel gemeinsam im Plenum.
2. Die TN ordnen die Nebensätze den Hauptsätzen zu und markieren die Lösungen im Buch. Weisen Sie die TN darauf hin, dass jeweils mehrere Lösungen möglich sind. Anschließend vergleichen die TN ihre Ergebnisse im Plenum.
Lösung: 2 j; 3 b; 4 i; 5 c/g; 6 a/f; 7 d/h
3. Die TN lesen die Beispielsätze mit „deshalb" und „trotzdem" und formen einige Sätze um. Vergleich im Plenum.

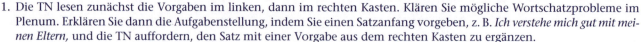

E 3 Focus Freie Anwendungsübung: über eigene Wohnverhältnisse sprechen oder schreiben

1. Die TN lesen zunächst die Vorgaben im linken, dann im rechten Kasten. Klären Sie mögliche Wortschatzprobleme im Plenum. Erklären Sie dann die Aufgabenstellung, indem Sie einen Satzanfang vorgeben, z. B. *Ich verstehe mich gut mit meinen Eltern,* und die TN auffordern, den Satz mit einer Vorgabe aus dem rechten Kasten zu ergänzen.

2. Die TN diskutieren mittels der Vorgaben im Kasten und eigener Inhalte über ihre persönliche Situation. Teilen Sie die Gruppen so ein, dass stärkere und schwächere TN zusammenarbeiten. Die TN fertigen während der Diskussion Notizen zu einem oder mehreren Gruppenmitgliedern an. Abschließend berichten dann einige mithilfe ihrer Notizen über die anderen TN im Plenum.

   Variante: Die TN schreiben acht Beispielsätze über ihre persönliche Situation und tauschen sich anschließend in Kleingruppen aus. Sammeln Sie auf Wunsch die Beispielsätze ein und korrigieren Sie sie.

Arbeitsbuch 25–26: Übungen zu Adjektiv-Nomen

25   Adjektiv-Nomen und Regeln ergänzen (Partnerarbeit oder Hausaufgabe)

26   Anwendungsübung: Lückentext mit Adjektiv-Nomen ergänzen und mit Hörtext vergleichen (Einzelarbeit)

Cartoon Focus Gespräch zum Thema „Nachbarschaft"
Material OHP-Folie von Cartoon auf KB-Seite 13;
Zusatzübung: Kopien von Kopiervorlage 5/5 „Lesetext zu Lektion 5"

1. Zeigen Sie den Cartoon auf OHP-Folie. Deuten Sie auf den Titel „Gute Nachbarschaft" und lassen Sie dann die TN das Schild der Frau lesen. Der Text des Schildes vom Nachbarn ist zugedeckt oder herausgeschnitten. Fragen Sie: „Was steht wohl auf dem Schild des Nachbarn?" Sammeln Sie die Vorschläge an der Tafel. Die TN lesen anschließend die Texte im Buch.

   Variante: Lassen Sie den Text beider Schilder weg und bitten Sie die TN, sich jeweils einen Text auszudenken. Die Vorschläge werden im Plenum verglichen und begründet.

2. Regen Sie eine Diskussion zum Thema „Nachbarschaft" in Deutschland und dem Heimatland/den Heimatländern der TN an, indem Sie folgende Fragen stellen: „Kennen Sie Ihre Nachbarn?", „Wie ist Ihr Verhältnis zu ihnen?", „Verstehen Sie sich gut mit ihnen?", „Hatten Sie schon einmal Probleme mit ihnen? Welche?" …

   Zusatzübung: Verteilen Sie die Kopien der Kopiervorlage 5/5. Die TN lesen den Text, zeichnen mithilfe der Beschreibungen ein Bild von „Franz" und vergleichen die Bilder in Kleingruppen (im Kurs).

F   Kurz & bündig

Diktate

METHODE

Rückendiktat
Wenn Sie ein Diktat durchführen möchten, indem nicht Sie, sondern die TN sich gegenseitig den Diktattext diktieren, empfiehlt sich das Rückendiktat. Fertigen Sie aus zwei vergrößerten Kopien des Diktats zwei Lückentexte (A und B) an. Löschen Sie jedes zweite Wort auf Blatt A, machen Sie das Gleiche auf Blatt B, indem Sie das jeweils andere Wort löschen. Verteilen Sie die Diktattexte. Immer zwei TN mit jeweils einem A- bzw. B-Blatt arbeiten zusammen, indem sie sich Rücken an Rücken setzen. Jeder braucht eine feste Unterlage zum Schreiben. Die TN diktieren sich nun abwechselnd ihre Wörter und ergänzen ihre Lücken. Anschließend vergleichen sie das gesamte Diktat mit ihrem Partner.

Diktat

Es ist Samstagnachmittag und wie jedes Wochenende stehe ich in einer langen Schlange von Leuten, die das Gleiche suchen wie ich: eine Wohnung. Wieder treffe ich viele Bekannte, die bei den letzten Malen auch kein Glück hatten. Da kommt der Makler um die Ecke. Besonders sympathisch sieht er nicht aus, aber trotzdem grüße ich ihn höflich. Die Wohnung ist sehr schön: hell, zwei Zimmer, Bad und Südbalkon, genau das, was ich suche. Ich fülle die Selbstauskunft aus und lege sie zu den anderen. Nun versuche ich noch, mich mit dem Makler etwas zu unterhalten, damit er sich mein Gesicht merkt. Aber er ist sehr beschäftigt. Ich sehe auf meine Uhr und muss feststellen, dass es schon spät ist und ich keine Zeit mehr habe zu warten. Denn in einer halben Stunde muss ich schon die nächste Wohnung am anderen Ende der Stadt ansehen. Und da warten bestimmt auch wieder fünfzig Leute. Langsam habe ich keine Lust mehr, jedes Wochenende mit Wohnungssuche zu verbringen.

Freies Diktat

Sie suchen eine Wohnung und sprechen mit dem Vermieter. Ergänzen Sie die passenden Fragen.

_____?

600,– Euro im Monat.

_____?

Ungefähr 130,– Euro pro Monat. Das hängt davon ab, wie viel Strom und Wasser Sie verbrauchen.

_____?

Für die Einbauküche und den Teppichboden im Wohnzimmer.

_____?

Ab sofort.

_____?

Der ältere Herr von nebenan hat einen Hund, und in der Wohnung im Erdgeschoss gibt es eine Katze.

_____?

Tut mir leid, da kann ich Ihnen die Wohnung leider nicht vermieten.

Ergänzen Sie die Satzanfänge.

Ich habe Angst, … _____.

Es ist mir peinlich, … _____.

Ich habe vor, … _____.

Ich habe keine Zeit, … _____.

Es ist ein schönes Gefühl, … _____.

Ich fange morgen an, … _____.

Lektion 6

A   Stationen des Lebens
Lebensläufe
A 2   Wortkarten in zwei verschiedenen Farben *(Variante)*
A 5   Kopiervorlage 6/1 „Stationen des Lebens" *(Zusatzübung)*; Karten mit Jahreszahlen *(Zusatzübung)*

A 1   Focus   Einstieg ins Thema „Stationen des Lebens": Fotos den Begriffen zuordnen

1. Die TN betrachten die Fotos und lesen die Begriffe. Bei Verständnisschwierigkeiten lassen Sie die Begriffe – wenn möglich – von anderen TN umschreiben und erklären.
2. Die TN sprechen mit ihrem Nachbarn/ihrer Nachbarin über die Fotos und ordnen sie dann gemeinsam den passenden Begriffen zu. Danach einigt sich jede Gruppe auf eine Reihenfolge.
3. Fragen Sie die TN nach der Reihenfolge der Fotos und schreiben Sie die entsprechenden Begriffe nacheinander an die Tafel. Lassen Sie die TN ihre Entscheidung begründen und bei unterschiedlichen Lösungen diskutieren.
   Lösungsvorschlag: **5** Baby-Alter; **8** Kindheit; **4** Schule; **3** erste Liebe; **9** Ausbildung; **6** Beruf; **2** Heirat; **7** Familie; **1** Alter

> **Internationale Kurse:** Die Fotos eignen sich auch als Redeanlass über kulturelle Unterschiede. Vermutlich ist das Foto mit der Schultüte (4) nicht für alle TN verständlich und muss erläutert werden (vgl. Landeskunde-Kasten). Fragen Sie die TN: „Haben Sie schon einmal eine Schultüte gesehen? Was könnte der Inhalt sein? Was ist der Zweck? Gibt es in Ihren Heimatländern ähnliche Bräuche? Wie alt sind die Kinder, wenn sie eingeschult werden? Tragen sie eine Schuluniform?" etc. Möglicherweise ergeben sich auch bei einigen anderen Fotos Fragen, die interkulturell interessant sind, z. B.: „Warum steht Bild 1 für Alter?", „Was kommt zuerst: Heirat oder Beruf?"
>
> **Sprachhomogene Kurse:** Wenn Sie über Bild 4 sprechen, lassen Sie die TN beschreiben, wie der erste Schultag in ihrem Heimatland abläuft: Bekommen die Kinder Geschenke? Sind die Eltern anwesend? usw. Vielleicht haben die TN auch Lust, von der eigenen Einschulung zu berichten.

4. Erörtern Sie mit den TN, ob es noch weitere Lebensstationen außer den im Buch erwähnten gibt, und sammeln Sie die Vorschläge an der Tafel. Fragen Sie die TN auch, ob ihnen dazu spontan „Bilder" einfallen – ähnlich wie im Buch –, die für diese Lebensstationen typisch sind. Lassen Sie die TN im Anschluss daran diskutieren, welche Lebensstationen besonders wichtig sind bzw. ob es eine gibt, die für sie am wichtigsten ist.

Arbeitsbuch 1–2: Wiederholung der Perfektformen
1   Perfektformen nach Bildungsmustern ordnen (im Kurs oder Hausaufgabe)
2   Sätze im Perfekt schreiben (im Kurs oder Hausaufgabe)

LANDESKUNDE

Schultüte
In Deutschland bekommt jedes Kind am ersten Schultag eine Schultüte von den Eltern geschenkt. Sie besteht meistens aus bunter Pappe, ist schön dekoriert und enthält Süßigkeiten, kleine Geschenke und Schreibutensilien. Auf diese Weise möchte man den Kindern den Schulanfang „versüßen".

SPIEL

Lebenslauf-Gedichte
Lassen Sie jeden TN einen Satz schreiben, der mit den Worten „Mit 5 ..." beginnt. Die TN schreiben, was eine imaginäre Person („er" oder „sie") im Alter von fünf Jahren gemacht hat. Ermutigen Sie die TN, ungewöhnliche oder dramatische Sätze zu schreiben und weisen Sie darauf hin, dass jeweils Inversionen erforderlich sind. Sammeln Sie alle Zettel ein und lassen Sie jeden TN einen neuen Zettel ziehen. Nun setzt jeder TN den von einem anderen angefangenen Lebenslauf möglichst kohärent fort, und zwar mit dem Satzanfang „Mit 10 ...". Anschließend wird der Lebenslauf – demselben Rundlaufprinzip folgend – durch Satzanfänge „Mit 15 ...", „Mit 20 ...", „Mit 30 ...", „Mit 40 ..." und „Mit X ..." (d. h. freigestellter Altersangabe) komplettiert. Nach dem letzten Rundlauf fügt jeder TN eine zum Lebenslauf passende Überschrift der Form „Lebenslauf eines/einer ..." hinzu. Lesen Sie am Schluss alle Lebensläufe vor, wobei Sie Fehler korrigieren. *Variante:* Geben Sie Zettel mit verschiedenen Überschriften vor, z. B. „Lebenslauf eines Politikers", „Lebenslauf eines Lehrers", „Lebenslauf eines Schauspielers" o. Ä.

A 2 Focus Wortschatzarbeit zur Vorentlastung des Hörverständnisses: Definitionen ergänzen
Material *Variante:* Wortkarten in zwei verschiedenen Farben

 1. Erläutern Sie die Aufgabenstellung anhand des Beispiels im Buch. Definieren Sie einen weiteren Begriff mit den TN. Fragen Sie dazu z. B. „Was ist das Gegenteil von Praxis?" oder „Was macht ein Goethe-Institut?"

2. Die TN versuchen zusammen, den restlichen Begriffen die passende Definition zuzuordnen. Ermuntern Sie die TN, dabei mit den Begriffen bzw. Definitionen zu beginnen, die sie kennen bzw. verstehen. Gehen Sie zum nächsten Schritt über, wenn die TN alleine nicht mehr weiterkommen.

3. Die Paare tun sich mit einem anderen Paar zusammen und vergleichen ihre bisherigen Lösungen. Bei unterschiedlichen Lösungen oder wenn bestimmte Begriffe nicht definiert werden konnten, fordern Sie die TN auf, ihre Wörterbücher zu benutzen.

4. Werten Sie die Ergebnisse im Plenum aus und lassen Sie den TN dabei ausreichend Zeit, ihre Antworten zu überprüfen und gegebenenfalls zu korrigieren.

Lösung: 1 eine Ausstellung; 2 ein Internat; 3 ein Seminar; 4 ein Verlag; 5 ein Goethe-Institut; 6 eine Reportage

Variante: Schreiben Sie die Begriffe und Definitionen auf verschiedenfarbige Karten (z.B. Begriffe = weiß, Definitionen = blau). Verteilen Sie diese im Kurs und lassen Sie die TN denjenigen TN suchen, der die Karte mit dem passenden Begriff bzw. der passenden Definition hat. Die Paare stellen sich anschließend dem Plenum vor, sodass die Ergebnisse von allen notiert werden können.

A 3 Focus selegierendes Hörverständnis zum Thema „Berufe und Lebenslauf"

 1. Sprechen Sie zuerst mit den TN über die aufgelisteten Berufe, indem Sie fragen: „Was macht ein …?". Zeigen Sie dann auf das Foto von Philipp Möller und fragen Sie, welchen Beruf er haben könnte. Erläutern Sie den TN, dass er im anschließenden Hörtext aus seinem Leben erzählen wird. Die TN sollen beim ersten Hören herausfinden, in welchen anderen Berufen er noch gearbeitet hat. Spielen Sie das Interview vor. Die TN markieren die entsprechenden Berufe. Anschließend werden die Lösungen im Plenum verglichen.

Lösung: Fotograf, Kamera-Assistent, Autor, Seminarleiter, Lehrer

A 4 Focus globales und selegierendes Hörverständnis zum Thema „Berufe und Lebenslauf"; freies Sprechen

1. Lassen Sie die TN den Lückentext zuerst still lesen. Überlegen Sie gemeinsam mit den TN, was bereits über das Leben von Philipp Möller bekannt ist und welche Informationen in dem Lebenslauf noch fehlen. Sammeln Sie gegebenenfalls passende Fragen an der Tafel.

2. Spielen Sie den Anfang des Interviews vor und machen Sie dabei Pausen, in denen Sie nach wichtigen Details der Antworten von Philipp Möller fragen: „Wo lebt Philipp Möller?", „Wo ist er geboren?", „Wofür interessiert er sich?", „Hat er sein Abitur gemacht?", „Wohin ist er gereist?", „Wie hat seine Familie darauf reagiert?", „Was hat er nach seiner Reise gemacht?", „Als was hat er gearbeitet?" Ermuntern Sie die TN, mit ihren eigenen Worten zu antworten und gemeinsam nach den Lösungen für die ersten zwei bis drei Lücken im Lebenslauf zu suchen.

 3. Spielen Sie das gesamte Interview vor, machen Sie dabei Pausen, sodass die TN ausreichend Zeit haben, die Antworten zu notieren. Anschließend werden die Lösungen im Plenum verglichen. Bei großen Unsicherheiten hinsichtlich der Antworten können Sie die entsprechenden Stellen im Interview noch einmal vorspielen.

Lösung: München; Marokko; Kamera-Assistent; Studio; Indien; Indien; 3 Bücher; Ausstellungen; Lehrer; Neuseeland; Deutschland; erste Ehe; Geburt von Tochter Alice; Heirat mit einer Neuseeländerin; Neuseeland; Deutschland

 4. Fragen Sie die TN „Kennen Sie Personen mit interessanten Lebensläufen?" und geben Sie ihnen Zeit zum Nachdenken und dem Anfertigen von Notizen (evtl. als Hausaufgabe). Anschließend können freiwillige TN berichten, während die anderen Fragen zu den präsentierten Personen stellen.

A 5 Focus Partner-Interview zu den wichtigsten Stationen des eigenen Lebens
Material *Zusatzübungen:* Kopien von Kopiervorlage 6/1 „Stationen des Lebens" und Karten mit Jahreszahlen

 1. Lassen Sie die TN noch einmal die in A1 erörterten Lebensstationen auflisten. Überlegen Sie dann gemeinsam, welche Fragen für ein Interview zum Lebenslauf besonders wichtig oder interessant sind.

2. Jede/r TN entwirft einen eigenen kleinen Fragebogen mit ca. 5–8 Fragen.

 3. Die TN führen anhand ihres Fragebogens ein Interview durch und machen sich dabei Notizen. Wer möchte, stellt seinen Interviewpartner anschließend im Plenum vor.

Zusatzübung: Regen Sie die TN dazu an, ein Gedicht für ihren jeweiligen Interviewpartner zu schreiben. Verteilen Sie dafür Kopien der Kopiervorlage 6/1 „Stationen des Lebens" und verweisen Sie auf das Beispiel. Anhand des Gedichts stellen die TN ihren Interviewpartner vor, indem sie die Begriffe erläutern und Fragen zum Gedicht beantworten.

Zusatzübung: Jeder TN bekommt ein Kärtchen mit einer Jahreszahl, wobei die niedrigste etwa dem Geburtsjahr des jüngsten TN entsprechen sollte. In einer Art Kettenübung fragen sich die TN nacheinander in rascher Folge, was sie in dem betreffenden Jahr gemacht haben. Derjenige, der geantwortet hat, stellt die nächste Frage an eine Person seiner Wahl usw., bis jeder einmal zu Wort gekommen ist.

Arbeitsbuch 3: Schreibübung zur Wiederholung der Perfektformen: einen Brief an einen alten Freund oder eine alte Freundin schreiben (Hausaufgabe)

B Berühmte Frauen

Biografien

B 1 Briefmarken (mit Personenporträts) aus dem deutschsprachigen Raum
und/oder den Ländern (dem Land) der TN *(Zusatzübung)*

B 4 Kopiervorlage 6/2 „Unregelmäßige Verben" *(Zusatzübung)*

B 1 Focus Einstimmung auf das Thema „Berühmte Frauen"

Material *Zusatzübung:* Briefmarken (mit Personenporträts) aus dem deutschsprachigen Raum und/oder den Ländern (dem Land) der TN

1. Zeigen Sie auf die Briefmarken und fragen Sie die TN: „Was ist auf den Briefmarken abgebildet?" Sammeln Sie die Antworten in Form eines Wortigels an der Tafel.
2. Erweitern Sie den Wortigel mithilfe der Frage: „Was wird in Ihrem Land/in Ihren Ländern auf Briefmarken abgebildet?" Gehen Sie dabei auf Gemeinsamkeiten und Unterschiede zwischen den Ländern ein, indem Sie die TN nach Erklärungen suchen lassen.

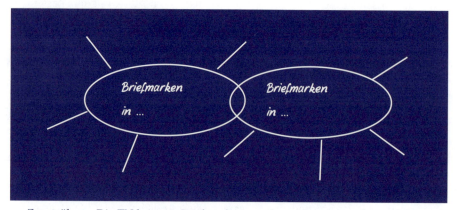

Zusatzübung: Die TN bringen Briefmarken aus dem deutschsprachigen Raum oder aus ihren Ländern (ihrem Land) mit, auf denen „wichtige" Persönlichkeiten abgebildet sind. Die TN stellen jeweils eine Briefmarke vor (oder fertigen als Hausaufgabe ein kleines Plakat dazu an), wobei sie darauf eingehen, wer die abgebildete Persönlichkeit ist und wodurch sie bekannt wurde.

B 2 Focus Vorentlastung für das Leseverständnis: über Bilder sprechen

Regen Sie die TN dazu an, Vermutungen über die beiden abgebildeten Frauen zu äußern. Lenken Sie dabei die Aufmerksamkeit auf die Noten bzw. das Gemälde im Hintergrund. Fragen Sie danach, wann die Frauen gelebt haben könnten, wofür sie berühmt waren, wo sie gelebt haben, ob sie verheiratet waren etc. Die Antworten werden stichwortartig an der Tafel notiert.

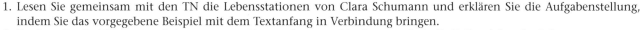

| B 3 | Focus | globales Leseverständnis: Kurzbiografie; Grammatik: Systematisierung des Präteritums |

1. Lesen Sie gemeinsam mit den TN die Lebensstationen von Clara Schumann und erklären Sie die Aufgabenstellung, indem Sie das vorgegebene Beispiel mit dem Textanfang in Verbindung bringen.
2. Fordern Sie die TN dazu auf, den gesamten Text zu lesen und in Partnerarbeit die Reihenfolge der Lebensstationen zu rekonstruieren.
3. Vergleichen Sie die Lösungen gemeinsam und lassen Sie die TN die Informationen im Text mit den vorab gesammelten Vermutungen (B2) vergleichen.
   Lösung: **2** musikalische Ausbildung durch den Vater; **3** erste eigene Kompositionen; **4** Heirat; **5** Erziehung der Kinder; **6** Tod von Robert Schumann; **7** Konzentration auf den Beruf; **8** Klavierlehrerin in Frankfurt
4. Die TN gehen den Text noch einmal zusammen durch und markieren alle Verben.

5. Fragen Sie die TN zunächst nach den bereits bekannten Präteritumformen von „sein" und den Modalverben, um die Aufgabenstellung zu klären. Schreiben Sie die Tabelle an die Tafel oder auf Folie, lassen Sie die TN die fehlenden Formen nennen und ergänzen Sie die Tabelle. Machen Sie die TN anschließend auf das Präteritumsignal bei den regelmäßigen Verben bzw. Mischverben aufmerksam, indem Sie das „-t-" in den Präteritumformen farbig hervorheben. Lassen Sie die TN dann beschreiben, inwiefern sich die unregelmäßigen Verben im Präteritum verändern und unterstreichen Sie den Vokalwechsel bei den einzelnen Formen in einer anderen Farbe. Erklären Sie den Begriff „Mischverben", indem Sie den Vokalwechsel von „verbringen" hervorheben.

Regelmäßige Verben / Mischverben		Unregelmäßige Verben	
Infinitiv	*Präteritum (-t)*	*Infinitiv*	*Präteritum*
arbeiten	arbeitete	beginnen	begann
heiraten	heiratete	bekommen	bekam
sich konzentrieren	sich konzentrierte	bleiben	blieb
machen	machte	geben	gab
müssen	musste	gehen	ging
spielen	spielte	sterben	starb
verbringen	verbrachte*		

6. Lösen Sie Regel 1 gemeinsam, indem Sie die TN darauf hinweisen, dass in einer Kurzbiografie Angaben aus einem Lebenslauf zusammengefasst werden. Zusätzlich können Sie die TN noch daran erinnern, dass sie das Perfekt im Zusammenhang mit Gesprächen über Vergangenes kennengelernt haben. Für Regel 2 sollten Sie die TN fragen, was für Verben „spielen" und „müssen" sind, und auf die Tabelle verweisen. Hierdurch können Sie die Bedeutung des Signals „-t-" und die zu ergänzende Endung klären. Fragen Sie die TN nach der Bezeichnung für Verben mit Vokalwechsel, um den Inhalt von Regel 3 zu verdeutlichen.
7. Die TN ergänzen die Regeln in Partnerarbeit und vergleichen ihre Lösungen im Plenum.
   Lösung: **1** Präteritum; Perfekt; **2** regelmäßige Verben; Modalverben; Präteritumsignal; „-te"; **3** unregelmäßige Verben

Lektion 6

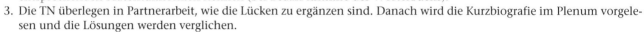

Fortsetzung von B 3   Focus   Unregelmäßige Präteritumformen lernen

8. Ergänzen und veranschaulichen Sie die Infobox, indem Sie auf das zusätzliche „e" bei Verben mit Verbstamm auf „-t" oder „-d" aufmerksam machen und die TN weitere Beispiele nennen lassen. Die TN schlagen verschiedene unregelmäßige Verben in ihren Wörterbüchern nach, um festzustellen, wo die Präteritumformen dort zu finden sind. Lesen Sie gemeinsam mit den TN den Lerntipp durch und verweisen Sie auch auf die Wortliste im Buch sowie auf die Liste der starken und unregelmäßigen Verben (G 25).

Arbeitsbuch 4–5: Einüben der Präteritumformen
4   Verbformen im Präteritum in die Tabelle eintragen, Perfektformen ergänzen, Lerntipp lesen (Hausaufgabe)
5   Präteritumformen ergänzen (Hausaufgabe)

B 4   Focus   Anwendungsübung: Präteritumformen ergänzen
         Material   *Zusatzübung:* Kopien von Kopiervorlage 6/2 „Unregelmäßige Verben"

1. Erklären Sie die Aufgabenstellung am Beispiel der ersten Textlücke und fordern Sie die TN auf, den Text einmal zu lesen.
2. Fragen Sie die TN, welche der vorgegebenen Verben regelmäßig und welche unregelmäßig sind, und lassen Sie sie die entsprechenden Präteritumformen nennen (bei Bedarf mithilfe des Wörterbuchs).
3. Die TN überlegen in Partnerarbeit, wie die Lücken zu ergänzen sind. Danach wird die Kurzbiografie im Plenum vorgelesen und die Lösungen werden verglichen.
   Zusatzübung: Verteilen Sie die Kopien von Kopiervorlage 6/2 als Arbeitsblatt. Die TN ergänzen die Formen und vergleichen in Kettenübung die Formen.
   Am Ende weisen Sie darauf hin, dass es auch Verben gibt, die nicht in die Muster der Tabelle passen. Fragen Sie die TN nach Beispielen für solche Verben und sammeln Sie diese an der Tafel, sodass die TN die leere Zeile ihrer Kopie ausfüllen können. Sollten den TN keine eigenen Beispiele einfallen, dann fragen Sie sie z. B. nach den Formen von „stehen", „gehen", „schwimmen" etc.
   Zusatzübung: Rücken Sie den Inhalt der Biografie in den Vordergrund, indem Sie die TN an ihre Vermutungen in B2 erinnern. Lassen Sie in Kleingruppen erörtern, inwiefern die Lebensläufe der beiden Frauen besonders sind.

Internationale Kurse: *(Zusatzübung)* Lassen Sie Namen von berühmten Frauen aus den Ländern der TN sammeln. Als Hausaufgabe können die TN eine Kurzbiografie für eine sehr berühmte Frau aus ihrem Heimatland schreiben. Nach Korrektur und Rückgabe der Texte schreiben Sie die Namen der Frauen an die Tafel. Freiwillige TN lesen die von ihnen verfasste Kurzbiografie vor, ohne den Namen der Person zu nennen. Die anderen raten, um welche der Frauen es sich handelt. Geben Sie den TN anschließend die Möglichkeit, Fragen zu stellen.

Sprachhomogene Kurse: Wenn es sich nur um berühmte Frauen aus einem Land (dem Heimatland der TN) handelt, brauchen Sie die Namen zum Raten nicht vorzugeben.

Arbeitsbuch 6: Präteritumformen ergänzen (Hausaufgabe)

B 5   Focus   Anwendungsübung: Präteritumformen einüben; freies Sprechen

1. Erklären Sie die Aufgabenstellung anhand des Beispiels.
2. Zur Vorbereitung der Geschichte nennen die TN die Präteritumformen der Verben in Form einer Kettenübung.
3. Beginnen Sie mit dem ersten Satz. Die TN spinnen die Geschichte als Kettenübung im Plenum oder in Kleingruppen weiter, indem jeder TN einen Satz mit den vorgegebenen Verben und Zeitangaben hinzufügt.
   Variante: Schreiben Sie den Beispielsatz auf ein Blatt Papier und reichen Sie es anschließend an einen TN weiter. Dieser TN setzt die Geschichte fort und gibt das Papier dem nächsten TN etc. Wenn Sie mehrere gleiche Anfänge (oder auch verschiedene) in Umlauf bringen, können unterschiedliche Geschichten gleichzeitig geschrieben und am Ende vorgelesen werden.

C Erinnerungen

C 6 Kopiervorlage 6/3 „Satzanfänge zum Lebenslauf"

C 1 Focus Einstieg ins Thema „Erinnerungen": Geräusche den Begriffen zuordnen; freies Sprechen

1. Geben Sie den TN Zeit, die Begriffe zu lesen, spielen Sie ihnen dann die Geräusche vor und fragen Sie „Was ist das?" Um Unklarheiten bezüglich der Aufgabenstellung zu vermeiden, können Sie das erste Geräusch gemeinsam im Plenum identifizieren.
2. Die TN vergleichen ihre Lösungen. Sollte es Unstimmigkeiten geben, können Sie die Geräusche noch einmal vorspielen.

   Lösung: **2** Schritte; **3** Kirchenglocken; **4** in der Schule; **5** in der Natur; **6** am Meer; **7** Verkehrslärm; **8** im Zug; **9** Uhr; **10** Babygeschrei

3. Fragen Sie die TN, welche Geräusche sie an etwas Bestimmtes erinnern. Fordern Sie sie auf, sich mit ihrem Nachbarn/ihrer Nachbarin über ihre Erinnerungen und Assoziationen auszutauschen und dabei Ähnlichkeiten und Unterschiede herauszufinden. Erfahrungsgemäß ist diese Übung ein wunderbarer Sprechanlass, bei dem die TN kaum noch zu bremsen sind, wenn sie die erste Scheu überwunden haben.

   Variante: Möchten Sie das spontane Assoziieren beim ersten Hören in den Vordergrund setzen, sollten Sie die Frage nach den Erinnerungen gleich mit dem ersten Schritt (Zuordnung der Geräusche) verbinden. Spielen Sie das erste Geräusch vor und drücken Sie dann auf die Pausentaste. Die TN hören zu und sollen überlegen, woran sie dieses Geräusch erinnert. In der kurzen Pause notieren sie zuerst im Buch, was für ein Geräusch sie gehört haben. Dann können sie evtl. auf einem Zettel Notizen zu ihren Erinnerungen und Assoziationen machen. Spielen Sie das nächste Geräusch vor usw. Sollte die Zeit knapp sein, können Sie sich auf wenige Geräusche beschränken. Anschließend tauschen sich die TN mit ihrem Nachbarn/ihrer Nachbarin aus.

4. Lassen Sie freiwillige TN berichten, was sie bei dem Partnergespräch erfahren haben. Fragen Sie auch die anderen: „Gibt es noch andere, die ähnliche Erinnerungen mit diesem Geräusch verbinden?" etc.

C 2 Focus Notizenmachen zum Thema „Erinnerungen"

1. Geben Sie den TN die Zeit, die Begriffe in Partnerarbeit zu lesen. Die Paare markieren zuerst selbst, was sie an früher erinnert. Anschließend setzen sich je zwei Paare zusammen und erzählen sich gegenseitig in der Gruppe, woran Sie bei bestimmten Dingen denken. Dabei fertigen Sie Notizen an wie im Buch vorgegeben.
2. Lassen Sie freiwillige TN über ihre Erinnerungen berichten.

Arbeitsbuch 7–9: Wortschatz zum Thema „Erinnerungen"

7 Einordnung der Begriffe in die verschiedenen Kategorien mithilfe des Wörterbuchs (Stillarbeit oder Hausaufgabe)
8 Kombination von Begriffen und Definition mithilfe des Wörterbuchs (Stillarbeit oder Hausaufgabe)
9 Gespräch (Plenum) oder schriftlicher Bericht (Hausaufgabe) über persönliche Erinnerungen

C 3 Focus globales Leseverständnis zum Thema „Erinnerungen"

1. Lesen Sie die Überschrift vor und fragen Sie die TN „Was meinen Sie: Was steht im Text?". Geben Sie den TN etwas Zeit zum Nachdenken, lesen Sie dann die vorgegebenen Antworten vor. Fordern Sie die TN auf, sich ganz spontan für eine der Aussagen zum möglichen Textinhalt zu entscheiden. Notieren Sie an der Tafel, wie viele TN auf die jeweilige Antwort getippt haben (vgl. Methodentipp „Meinungsspektrum").
2. Zur Überprüfung ihrer Vermutungen sollten Sie den TN höchstens 2–5 Minuten Zeit geben, in denen sie den Anfang des Textes überfliegen können (globales Lesen). Lassen Sie die TN darüber entscheiden, welche der Vermutungen hinsichtlich des Inhalts zutreffend war (bzw. welche Gruppe „gewonnen" hat), und fragen Sie nach einer Begründung für die jeweilige Entscheidung.

METHODE

Meinungsspektrum
Um möglichst schnell einen Überblick über unterschiedliche Meinungen oder Antworten der TN zu bekommen, bietet es sich in bestimmten Situationen an, das gesamte Meinungsspektrum im Kurs folgendermaßen zu erfassen: Stellen Sie verschiedene Positionen oder Antwortmöglichkeiten zur Auswahl und lassen Sie die TN signalisieren, für wen welche Antwortmöglichkeit zutrifft (bei C 3 fragen Sie z. B.: „Wer ist für Antwort a?" und die entsprechenden TN heben die Hand). Sie notieren dann die Teilnehmerzahl pro Antwort an der Tafel, sodass auf einen Blick ersichtlich wird, wie breit (oder eng) das Meinungsspektrum im Kurs ist.
Eine solche Vorgehensweise lässt sich nicht nur dazu nutzen, die Auswertung einer Aktivität zeitlich abzukürzen. Vielmehr führt sie auch dazu, dass sich die TN für eine klare Position entscheiden müssen (auch wenn Enthaltungen erlaubt sind). So kann diese Aktivität dann auch weiter genutzt werden, um die TN in Gruppen aufzuteilen, die Argumente für ihre jeweilige Position finden müssen. Auf diese Weise lässt sich eine Diskussion im Plenum vorbereiten, bei der die TN nicht allein, sondern als Gruppe eine bestimmte Meinung vertreten können.

3. Lesen Sie Abschnitt A gemeinsam mit den TN, lenken Sie die Aufmerksamkeit auf die Aussagen 1–6 und fragen Sie, welcher Punkt zu diesem Abschnitt passt. Die TN begründen ihre Entscheidung. Fordern Sie die TN auf, die Informationen im Text zu unterstreichen, mit denen sich die Entscheidung für Aussage 4 begründen lässt.

4. Die TN lesen die (weiteren) Abschnitte und suchen nach der passenden Aussage. Zur Begründung ihrer Entscheidung unterstreichen sie die Informationen in den Abschnitten, die auf die jeweilige Aussage hinweisen.

5. Die TN stellen ihre Lösungen vor und nennen zu jeder Antwort die Textstelle mit den entscheidenden Informationen.
Lösung: **1**E; **2**B; **3**F; **4**A; **5**D; **6**C

1. Lenken Sie die Aufmerksamkeit der TN noch einmal auf die Aussagen 1–6 (C3) und lassen Sie sie den Schlüsselbegriff in jeder Aussage markieren (z. B. 1 Fehler; 2 wichtig; 3 verändern; 4 Stimmung; 5 Baby-Alter; 6 Geruch)

2. Spielen Sie die Berichte vor und lassen Sie die TN die Nummern der Aussagen eintragen. Vergleichen Sie anschließend die Antworten im Plenum.
Lösung: Tina 6;   Christian 2

C 5 Focus selegierendes Hörverständnis; Grammatik: Semantisierung von „wenn"- und „als"-Sätzen

1. Machen Sie die TN auf den Zusammenhang zwischen den Namen aus C4 und den Fotos aufmerksam. Spielen Sie die Berichte noch einmal vor und machen Sie dabei jeweils nach den einzelnen Aussagen der Personen eine Pause, sodass die TN genug Zeit haben, die Lücken auszufüllen. Zum Abschluss vergleichen die TN ihre Antworten in Partnerarbeit, bei Unstimmigkeiten kann der Hörtext noch einmal vorgespielt werden.
   Lösung: **1** Immer wenn; **2** die Zeit, als; **3** Wenn, meistens; **4** die Zeit, als; **5** wenn, manchmal; **6** als, das erste Mal; **7** Immer wenn

2. Erläutern Sie die Aufgabenstellung anhand der ersten Aussagen. Regen Sie die TN dann dazu an, die Nebensätze mit „wenn" und „als" in den folgenden Aussagen zu unterstreichen und ihre Lösungen in Partnerarbeit zu vergleichen.

3. Lesen Sie mit den TN die Beispielsätze im Regelkasten, lassen Sie sie die Zeitformen der Verben bestimmen und fragen Sie nach den Satzstrukturen: „Welche Sätze sind Hauptsätze, welche Nebensätze?", „Wie verbindet man Haupt- und Nebensätze?" Erinnern Sie gegebenenfalls daran, dass das Verb in Nebensätzen am Ende steht.

4. Ausgehend von den im Buch vorgegebenen Beispielsätzen ergänzen die TN die Regel in Partnerarbeit und vergleichen ihre Lösung anschließend im Plenum.
   Zur Veranschaulichung der Regel können Sie eine Tabelle für die „wenn"- und „als"-Sätze an der Tafel anlegen. Differenzieren Sie bei den „wenn"-Sätzen noch hinsichtlich Gegenwart/Zukunft und Vergangenheit und lassen Sie die TN die entsprechenden Beispielsätze nennen. Die TN nennen weitere Sätze aus dem Text und ergänzen die Tabelle.

	„wenn"-Sätze	„als"-Sätze
Gegenwart / Zukunft	- Wenn mir der Duft von Apfelstrudel in die Nase steigt, passiert etwas Merkwürdiges. -	
Vergangenheit	- Wenn wir dann nach Hause kamen, duftete es meistens ...	- Dieser Duft erinnert mich an die Zeit, als ich noch ganz klein war. -

Lösung: **1** Am Anfang; Nebensätzen; **2** als; wenn

5. Ermuntern Sie die TN, in den Berichten nach den Zeitangaben zu suchen, mit denen sie die Lücken ergänzt haben. Demonstrieren Sie die Aufgabenstellung anhand der Zeitangaben in den Beispielsätzen und sammeln Sie weitere Angaben an der Tafel.

Arbeitsbuch 10–13: Grammatik: Semantisierung von „wenn"- und „als"-Sätzen
10–12 „wenn"- und „als"-Sätze ergänzen (Hausaufgabe)
13 Sprechübung zu „wenn"- und „als"-Sätzen (Hausaufgabe)

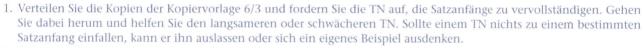

C 6 Focus Anwendungsübung: „wenn"- und „als"-Sätze; freies Sprechen
Material Kopien von Kopiervorlage 6/3 „Satzanfänge zum Lebenslauf"

1. Verteilen Sie die Kopien der Kopiervorlage 6/3 und fordern Sie die TN auf, die Satzanfänge zu vervollständigen. Gehen Sie dabei herum und helfen Sie den langsameren oder schwächeren TN. Sollte einem TN nichts zu einem bestimmten Satzanfang einfallen, kann er ihn auslassen oder sich ein eigenes Beispiel ausdenken.

2. Geben Sie den TN Zeit, die im Buch vorgegebene Aufgabe zu Hause oder im Unterricht in Form von Notizen vorzubereiten. Die TN bilden Kleingruppen zu den Themen, über die sie sprechen möchten und tauschen sich über ihre Erfahrungen und Erlebnisse aus. Sie stellen sich gegenseitig Fragen, z.B.: „Wie war das, als du zum ersten Mal verliebt warst?" „Was hast du gemacht, wenn du Probleme in der Schule hattest?" Ein Freiwilliger berichtet dann über das Gruppengespräch im Plenum.

D Der Ton macht die Musik

Focus   „Lied für Generationen": Lückentext ergänzen

1. Klären Sie mit den TN vorab die zu ergänzenden Begriffe und weisen Sie unbedingt darauf hin, dass die Wörter im Kasten mehrmals benutzt werden können. Lösen Sie die erste Strophe mit den TN und machen Sie sie darauf aufmerksam, dass es eine Hilfe ist, auf die Reime zu achten.

2. Die TN suchen zusammen nach den passenden Ergänzungen für den Liedtext.

3. Spielen Sie den Liedtext (mit Pausen, evtl. auch mehrmals) vor, sodass die TN ihre Lösungen selbst korrigieren können. Wenn Fragen zu Begriffen oder längeren Textstellen auftauchen, suchen Sie gemeinsam nach Erklärungen im Kontext oder erläutern Sie die im Lied verwendeten Metaphern.

4. Spielen Sie das Lied noch weitere Male vor (je nach Interesse der TN). Die TN lesen oder singen mit.
   Zusatzübung: Regen Sie die TN an, die Anfänge der Strophen als Modell für eigene „wenn"-Sätze zu benutzen. In Kleingruppen können dabei entweder die im Liedtext vorhandenen Satzanfänge mit einem neuen Ende versehen werden („Wenn man klein / zehn / zwanzig / stark / grau ist, ..."), oder die TN schreiben eigene Sätze („Wenn man ... ist, ...").
   Zusatzübung: Die TN lesen die Informationen über die Puhdys und sprechen darüber, ob es in ihrem Land / ihren Ländern eine vergleichbare Kultband gibt.

Arbeitsbuch 14–17: Kontrast „ei/ie", betontes und unbetontes „ie/ien", Kontrast „j"/„y"

14   Spielen Sie die CD vor. Die TN sprechen die Wörter nach und ergänzen „ei" oder „ie".

15   Spielen Sie die ersten beiden Wörter vor und machen Sie die TN anhand dieses Beispiels auf die Unterschiede in der Aussprache von „ie" aufmerksam. Spielen Sie den Rest der Übung vor. Die TN markieren die Wörter wie vorgegeben. Anschließend spielen Sie die CD noch einmal vor, wobei die TN die Wörter diesmal nachsprechen und dabei den jeweiligen Wortakzent markieren. Danach ergänzen die TN die Regeln in Partnerarbeit und vergleichen ihre Lösungen im Plenum.

16   Spielen Sie die CD vor und geben Sie ein Beispiel für den zu markierenden Laut. Die TN hören zu, markieren weitere Beispiele und ergänzen danach die Regeln in Partnerarbeit. Im Anschluss werden die Regeln im Plenum verglichen.

17   Spielen Sie die CD vor, die TN sprechen zunächst leise oder auch laut die Texte mit. Ermuntern Sie nun die TN, die Gedichte auswendig zu lernen und zu interpretieren.

E Das werde ich nie vergessen …

Deutsche Geschichte: Die Vereinigung Deutschlands

E 1 vergrößerte Kopie der Fotos KB-Seite 24 (Variante); alter und neuer Stadtplan von Berlin (Zusatzübung)
E 2 Schnipseltext aus vergrößerter Kopie der Textzusammenfassung (Variante)

E 1 Focus globales Leseverständnis: Vermutungen mit Textaussagen vergleichen
Material *Variante:* vergrößerte Kopien der Fotos KB-Seite 24
Zusatzübung: alter und neuer Stadtplan von Berlin

1. Geben Sie den TN Zeit, die Fotos zu betrachten und fragen Sie dann: „Wo und wann wurden diese Fotos gemacht?" Sammeln Sie die Antworten an der Tafel und lesen Sie danach die Überschrift mit den TN. Fragen Sie die TN, um welche Nacht es sich in der Überschrift handelt. Wenn die TN Bilder und Überschrift mit dem Berliner Mauerfall in Verbindung gebracht haben, fordern Sie sie auf, über die politischen Ereignisse dieser Zeit zu sprechen („Was ist damals passiert?", „Warum gab es die Mauer nicht mehr?"). Helfen Sie den TN bei Unsicherheiten hinsichtlich der Entwicklungen und halten Sie die wichtigsten Informationen an der Tafel fest. Ermuntern Sie die TN, konkrete Vermutungen zum Textinhalt zu äußern, indem Sie ihre Aufmerksamkeit darauf lenken, wer der Sprecher des Textes ist.
Variante: Verteilen Sie die vergrößerten Kopien der Fotos an die TN (Kleingruppen) und regen Sie sie an zu überlegen, wo und wann diese Fotos entstanden sind und was sie über diesen Ort und diese Zeit wissen. Die TN halten ihre Antworten in Stichwörtern fest und vergleichen ihre Ergebnisse mit den anderen Gruppen. Erst im Anschluss hieran beschäftigen sie sich näher mit der Überschrift und dem Text.
Zusatzübung: Hängen Sie die beiden Stadtpläne von Berlin an die Wand und fragen Sie die TN, welcher der beiden Stadtpläne aktuell ist. Lassen Sie die TN das Grenzgebiet auf dem alten und neuen Stadtplan suchen und vergleichen.
2. Die TN lesen den Text, überprüfen ihre anfänglichen Vermutungen und suchen nach Informationen, die bisher noch nicht genannt wurden. Sammeln Sie diese Informationen an der Tafel, ergänzen Sie die anfangs erstellte Sammlung.

3. Fragen Sie die TN, ob sie sich an die Bilder vom Mauerfall in den Medien in ihrem Land/ihren Ländern erinnern und lassen Sie sie ihre Eindrücke beschreiben.

E 2 Focus Textzusammenfassung
Material *Variante:* Schnipseltext aus vergrößerter Kopie der Textzusammenfassung

1. Die TN lesen zunächst die Sätze der Textzusammenfassung. Lenken Sie dann die Aufmerksamkeit der TN auf den bereits markierten Satz. Erläutern Sie die Aufgabenstellung, indem Sie die TN dazu auffordern, den ersten Abschnitt des Textes zu lesen. Fragen Sie: „Wo steht diese Information im Text?

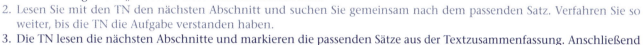

2. Lesen Sie mit den TN den nächsten Abschnitt und suchen Sie gemeinsam nach dem passenden Satz. Verfahren Sie so weiter, bis die TN die Aufgabe verstanden haben.

3. Die TN lesen die nächsten Abschnitte und markieren die passenden Sätze aus der Textzusammenfassung. Anschließend vergleichen sie ihre Lösungen im Plenum. Bei Unklarheiten lassen Sie die TN die jeweiligen Textpassagen vorlesen.
Variante: Machen Sie vergrößerte Kopien der Sätze, schneiden Sie sie auseinander und lassen Sie sie in Dreiergruppen zusammensetzen. Gerade bei schwächeren Gruppen ist diese visuell hergestellte Reihenfolge sehr hilfreich.
Lösung: 4, 5, 3, 1, 7, 2, 6

LANDESKUNDE

Die Berliner Mauer

Nach dem Ende des 2. Weltkriegs übernahmen die USA, Großbritannien, Frankreich und die UdSSR die Regierungsgewalt im besiegten Deutschland. Allerdings gelang es den Siegermächten nicht, sich auf eine einheitliche Besatzungspolitik zu einigen. In den Nachkriegsjahren verstärkte sich der weltpolitische Gegensatz zwischen Ost und West, der für die Konstituierung zweier deutscher Staaten (23. 5. 1949 BRD; 7. 10. 1949 DDR) verantwortlich war und Deutschland zum Brennpunkt des Kalten Krieges machte.
Im Zuge dieser Entwicklungen kam es zur Spaltung Berlins in einen Ost- und einen Westteil: Ostberlin wurde 1949 zur Hauptstadt der neu gegründeten DDR, Westberlin gab sich 1950 eine Verfassung. Als Reaktion auf die Flüchtlingsströme in den Westen (zwischen 1949 und 1960 waren insgesamt 2,46 Millionen Menschen aus der DDR geflohen) begann die DDR am 13. 8. 1961 mit dem Bau der Berliner Mauer. Nach dem Mauerbau waren Ost-Berlin und die DDR für West-Berliner Besucher zunächst nicht zugänglich, Flüchtlinge aus der DDR riskierten ihr Leben, da die Grenzsoldaten angewiesen waren, auf sie zu schießen. Erst ab 1963 gab es die ersten Besuchsregelungen, die es den Bundesbürgern ermöglichten, für einen bestimmten Zeitraum in die DDR zu reisen.
Zu einer elementaren Veränderung der Situation für die Bürger der DDR kam es erst im Sommer bzw. Herbst 1989, als der Strom der Flüchtlinge aus der DDR über Ungarn nach Österreich rapide anstieg und die ungarische Regierung DDR-Bürgern ohne Visum schließlich die Ausreise in die Bundesrepublik gestattete. Bis Ende September kamen mehr als 25 000 DDR-Bürger über Ungarn nach Westdeutschland. Die DDR-Regierung geriet durch die steigenden Flüchtlingszahlen, die Umbrüche in anderen Staaten des Ostblocks sowie durch die massiven Protestbewegungen im eigenen Land zunehmend unter Druck. Zunächst trat nur der Parteichef Erich Honecker zurück, kurze Zeit später die gesamte Regierung. Als die vom Zentralkomitee neu gewählte Regierung am 9. 11. 1989 auf einer Pressekonferenz eher beiläufig mitteilte, dass Privatreisen ins Ausland beantragt werden könnten und die Genehmigungen kurzfristig erteilt würden, strömten viele Ost-Berliner zu den Grenzübergängen, die in den späten Abendstunden schließlich geöffnet wurden. Nach dem Mauerfall begannen die Verhandlungen zwischen der DDR und der Bundesrepublik, die schließlich zur Wiedervereinigung Deutschlands am 3. 10. 1990 führten.
*Der 9. 11. war schon vor dem Mauerfall ein besonders geschichtsträchtiger Tag für Deutschland: So wird an diesem Tag nicht nur dem Mauerfall gedacht, sondern auch der Reichspogromnacht, in der es 1938 zu gewalttätigen Ausschreitungen gegen Juden und jüdische Einrichtungen kam. Diese Nacht, in der unzählige Geschäfte und Synagogen brannten und der Massenverhaftungen von Juden folgten, war der Beginn der öffentlichen Judenverfolgung unter Hitler.

Lektion 6

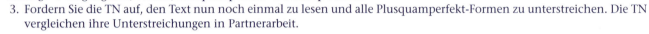

E 3   Focus   Grammatik: Semantisierung des Plusquamperfekts

1. Die TN lesen die Sätze. Weisen Sie sie darauf hin, dass die Lücken mit passenden Verben aus dem Text zu ergänzen sind. Geben Sie ihnen Zeit, die richtigen Stellen im Text zu finden und lassen Sie sie ihre Lösungen in Partnerarbeit vergleichen.

2. Erläutern Sie den TN, dass es sich bei den Sätzen um eine kleine Zusammenfassung des Textes aus E1 handelt. Machen Sie sie auf die Fragen („Was war oder passierte vorher?"; „Was war oder passierte?") aufmerksam, und geben Sie ihnen Zeit, die vollständigen Sätze noch einmal zu lesen.

Lösung: **1** war; hatte; geteilt; **2** hatten; gewartet; war; **3** weinten; überschritten hatten

E 4   Focus   Regelfindung: Plusquamperfekt

1. Fragen Sie die TN „Was passierte?", lassen Sie die TN die entsprechenden Sätze vorlesen und angeben, in welcher Zeit die Verben stehen. Fragen Sie dann „Was passierte vorher?" und verweisen Sie darauf, dass die Antworten auf diese Frage vor den Antworten auf die erste Frage stehen. Führen Sie nun den Begriff „Plusquamperfekt" ein und erklären Sie den TN die Funktion des Plusquamperfekts, indem Sie die Bedeutung von „vorher" betonen und auf die Verwendung von „nachdem" im dritten Beispielsatz aufmerksam machen.

2. Die TN ergänzen die Regeln und vergleichen ihre Lösungen im Plenum.

Lösung: **1** Vergangenes; vorher; Plusquamperfekt **2** Partizip Perfekt

3. Fordern Sie die TN auf, den Text nun noch einmal zu lesen und alle Plusquamperfekt-Formen zu unterstreichen. Die TN vergleichen ihre Unterstreichungen in Partnerarbeit.

Arbeitsbuch 18–20: Grammatikübungen zum Plusquamperfekt

18   Verben im Plusquamperfekt ergänzen (Hausaufgabe)

19   Sätze im Plusquamperfekt ergänzen (Hausaufgabe)

20   Sätze mit „nachdem" schreiben (Hausaufgabe)

E 5   Focus   Anwendungsübung: Sätze mit „nachdem" im Plusquamperfekt; freies Sprechen

1. Erklären Sie die Aufgabenstellung anhand des Beispielsatzes mit „nachdem". Fragen Sie die TN, welche Zeitformen für die unter „vorher" bzw. unter „nachher" stehenden Sätze zu wählen sind.

2. Bearbeiten Sie zwei weitere Sätze gemeinsam mit den TN und schreiben Sie die Lösungen an die Tafel.

3. Regen Sie die TN dazu an, in Partnerarbeit weitere Sätze nach dem vorgegebenen Muster zu schreiben. Lassen Sie die TN ihre Lösungen am Ende im Plenum vorlesen und vergleichen.

4. Fragen Sie die TN, ob sie im Fernsehen oder Radio etwas über den Fall der Mauer gehört haben, wo sie zu diesem Zeitpunkt waren oder ob jemand vielleicht schon einmal in Berlin war. Lassen Sie die TN berichten, die besondere Erinnerungen mit dem Mauerfall verbinden. Erörtern Sie außerdem, wie die Menschen im Land/in den Ländern der TN auf den Mauerfall bzw. die Wiedervereinigung reagiert haben und wie darüber in den Medien berichtet wurde.

Zusatzübung: Zur Festigung des neuen Wortschatzes können sie mit den TN Wortschatzdomino (s. Spielekasten) spielen.

Arbeitsbuch 21: Grammatik: Sätze mit „nachdem" schreiben

SPIEL

Wortschatz-Spiele

Zur Festigung des Wortschatzes bietet es sich an, die Zuordnungsübungen zur Wortschatzarbeit in Tangram aktuell als Grundlage für Spiele wie Domino oder Memory zu nutzen. In Lektion 6 eignen sich dazu vor allem KB A2, AB 8, denn hier finden sich die neuen Begriffe mit ihren Erklärungen. Stellen Sie mit den TN ein Domino her: Verteilen Sie pro Kleingruppe (3–4 TN) einen Satz Karteikarten und lassen Sie sie in der bearbeiteten Lektion nach Wortschatzübungen suchen. Die TN schreiben je einen Begriff und eine Erklärung auf eine Karteikarte, sodass sich beim Aneinanderlegen der Karten die richtigen Paare ergeben und schließlich eine geschlossene Kette entsteht.

Beispiel für die Karten:

Nach dem Anfertigen der Karten werden diese gut gemischt und gleichmäßig unter den TN verteilt. Ein TN beginnt, indem er eine seiner Karten auf den Tisch legt. Derjenige, der als Erster einen zu dieser Karte passenden Begriff bzw. eine passende Erklärung unter seinen Karten findet, legt diese an die erste Karte an. Dies wird fortgesetzt, bis alle Karten in einem Kreis auf dem Tisch liegen. Gehen Sie von Gruppe zu Gruppe und helfen Sie den schwächeren bzw. langsameren TN. Die Gruppe, die zuerst fertig ist und an jeden Begriff die passende Erklärung angelegt hat, ist Sieger.

Sie können die Wortschatzübungen auch für ein Memory-Spiel zur Wiederholung nutzen. Hierzu verteilen Sie Karteikarten in zwei verschiedenen Farben an die Gruppen (3–4 TN). Die TN schreiben die zu wiederholenden Begriffe auf die Karteikarten einer Farbe, die dazu passenden Worterklärungen auf die Karten der anderen Farbe. Anschließend werden die Karten verdeckt auf dem Tisch ausgebreitet und das Spiel beginnt: Reihum deckt jeder TN einen Begriff und eine Worterklärung auf. Passen die Karten zueinander, darf der TN sie behalten. Passen Begriff und Erklärung nicht, dann werden sie wieder umgedreht und der nächste Spieler ist an der Reihe. Das Spiel ist zu Ende, wenn alle Karten aufgedeckt sind, Sieger ist der TN mit den meisten Kartenpaaren.

Zur Vertiefung dieser Wortschatzarbeit können Sie gemeinsam mit den TN noch zusätzliche Karten erstellen, indem sie sie nach Worterklärungen für andere wichtige Wörter der Lektion in einem deutsch-deutschen Wörterbuch suchen lassen. Sollten Sie im Kurs mit einer Wortschatzkartei arbeiten oder die TN mit eigenen Karten lernen, können Sie auch diese für das Spiel nutzen.

Wenn Sie die Wiederholung des Wortschatzes noch durch weitere Zusatzübungen intensivieren möchten, dann lassen Sie die TN kleine Texte aus einer bestimmten Anzahl von Wörtern aus dem Spiel schreiben. Dafür sollten die TN die Wörter zunächst nach ihren Themenbereichen gruppieren, sich dann für ein Thema entscheiden und in Partnerarbeit einen Text produzieren, der dann im Plenum vorgestellt wird.

F Zwischen den Zeilen

F 1   Kopie der Beispielsätze auf OHP-Folie (*Variante*)
F 3   Kopiervorlage 6/4 „Nominale Ausdrücke"

F 1 Focus   Grammatik: Nominale Ausdrücke als Merkmal der Schriftsprache
         Material   *Variante:* Kopie der Beispielsätze auf OHP-Folie

1. Erklären Sie die Aufgabenstellung, indem Sie die TN anhand des Beispiels im Buch darauf aufmerksam machen, dass der Inhalt der Sätze identisch ist, ihre Form jedoch variiert: Den nominalen Ausdrücken in der Schriftsprache entsprechen Nebensätze in der gesprochenen Sprache. Bearbeiten Sie die folgenden beiden Sätze gemeinsam im Plenum.

2. Fordern Sie die TN auf, die verbleibenden Sätze in Partnerarbeit zu bearbeiten. Gehen Sie herum, kontrollieren Sie die Unterstreichungen und helfen Sie bei Problemen.
   Variante: Legen Sie die OHP-Folie auf, lassen Sie zwei TN ihre Lösungen für die Beispielsätze auf die Folie übertragen und mit denen der anderen TN vergleichen.

3. Regen Sie die TN dazu an, anhand der bearbeiteten Sätze herauszufinden, welche nominalen Ausdrücke zu den Nebensätzen passen. Lassen Sie die TN dazu die passenden Nebensätze ergänzen und ihre Lösungen anhand der vorab bearbeiteten Aussagen vergleichen.

F 2 Focus   Regelfindung: Nominale Ausdrücke als Merkmal der Schriftsprache

Lenken Sie die Aufmerksamkeit der TN auf die Verben in den Beispielsätzen (in F 1) und fragen Sie, welche Zeitform in der Schriftsprache und welche in gesprochener Sprache verwendet wird. Anschließend ergänzen die TN mithilfe der Gegenüberstellung von Schriftsprache (bzw. nominalen Ausdrücken) und gesprochener Sprache (bzw. Nebensätzen) die Regeln und vergleichen ihre Lösungen im Plenum.
Lösung: **1** gesprochenen Sprache; Präteritum; **2** Nebensätze

F 3	Focus	Anwendungsübung: Nominale Ausdrücke, freies Schreiben und Sprechen
	Material	Kopien von Kopiervorlage 6/4 „Nominale Ausdrücke"

1. Verteilen Sie die Kopien von Kopiervorlage 6/4 und erläutern Sie den TN, dass sie in Partnerarbeit die unterstrichenen nominalen Ausdrücke in Nebensätze umformen sollen. Gehen Sie herum und geben Sie bei Bedarf Hilfestellung. Anschließend sollten die Lösungen im Plenum besprochen und auf OHP-Folie geschrieben werden.
Diese Umformungsübung und die Anwendungsübungen im Buch (F 3) sind recht anspruchsvoll und v.a. für Gruppen mit gutem Niveau geeignet. In erster Linie geht es an dieser Stelle darum, die Funktion von nominalen Ausdrücken zu erkennen und sie zu verstehen. Bei der praktischen Anwendung können Sie sich auch auf einige wenige Beispiele beschränken.

2. Ermuntern Sie die TN, einen Text über sich selbst oder eine andere Person (Familie, Freunde) mithilfe der vorgegebenen nominalen Ausdrücke zu schreiben. Erklären Sie die Aufgabenstellung näher anhand des Beispiels im Buch und/oder nennen Sie ein Beispiel aus Ihrem eigenen Leben.

3. Die TN berichten in ihrer Gruppe und versuchen dabei, die von ihnen verwendeten nominalen Ausdrücke in Nebensätze aufzulösen. In schwächeren Gruppen können die TN die Umformungen gemeinsam vornehmen.
Variante: Die TN verwenden für den Text die Notizen, die sie unter A4 zu einem anderen TN angefertigt haben und berichten über diese Person. Die anderen in der Gruppe müssen dann jeweils raten, um welche Person im Kurs es sich handelt.

Arbeitsbuch 22–25: Grammatik: Sätze mit „nachdem", „bevor", „als", „wenn" …; Wortschatz: Zeitangaben

22	Richtige Konjunktion markieren (Hausaufgabe)
23	Zeitangaben sortieren (Hausaufgabe)
24	Buchstaben ordnen; Synonyme und Antonyme den Zeitangaben zuordnen (Hausaufgabe)
25	Zeitadverbien auf einer Zeitskala ordnen (Hausaufgabe)

Cartoon	Focus	Gespräch zu Situationen
	Material	*Zusatzübung:* Kopien von Kopiervorlage 6/5 „Lesetext zu Lektion 6"

1. Betrachten und lesen Sie gemeinsam mit den TN den Cartoon. Lassen Sie die TN den Witz zusammen kontextualisieren, indem Sie fragen: „Wer sind Hugo und Otto?", „Wer sind die beiden Frauen?", „Was passiert hier?" Klären Sie die Bedeutung von „Legendenbildung", indem Sie eine Legende als Geschichte über die Vergangenheit darstellen, die von großen Helden handelt und deren Wahrheitsgehalt eher fraglich ist.

2. Ermuntern Sie die Gruppen, einige Beispiele für mögliche „Legenden" zu sammeln und anschließend einen Dialog zwischen Otto und Hugo zu entwerfen (s. Methodentipp „Dialog inszenieren").

3. Freiwillige Gruppen spielen ihren Dialog im Plenum vor.
Zusatzübung: Verteilen Sie die Kopien der Kopiervorlage 6/5. Die TN ordnen die Begriffe den Definitionen zu und ergänzen dann den Lückentext mithilfe der erläuterten Begriffe (im Kurs oder Hausaufgabe).

METHODE

Dialoge inszenieren

Wenn Ihre Lernergruppe Spaß am Entwerfen und Inszenieren von Dialogen hat, empfiehlt es sich, bestimmte Arbeitsschritte zu berücksichtigen.

– Planen: Die TN überlegen, in welchem Kontext ihr Dialog spielt. Sie machen sich Notizen zum Inhalt und möglichen Verlauf des Dialogs.

– Formulieren: Geben Sie einen zeitlichen Rahmen vor. Die TN formulieren den Dialog in Partnerarbeit und achten darauf, welche Personen miteinander sprechen, ob sie sich siezen oder duzen, ob sie z. B. höflich oder ärgerlich sind. Machen Sie die TN darauf aufmerksam, dass Ausrufe wie „Oh!", „Ach!", „Klar!", „Was?" etc. einen Dialog besonders lebhaft und „echt" erscheinen lassen.

– Überarbeiten: Die TN lesen den Dialog mehrmals laut mit ihrem Partner und überprüfen: Hört er sich an wie gesprochene Sprache? Gehen Sie währenddessen herum und helfen Sie bei der Korrektur möglicher Grammatik- und Rechtschreibfehler.

– Vorspielen: Die Paare spielen ihren Dialog im Plenum vor. Machen Sie sie auf die Wichtigkeit von Gestik und Mimik aufmerksam. Auch sollten die TN darauf achten, dass sie langsam und deutlich sprechen. Eventuell können Sie die gesprochenen Dialoge auf Kassette aufnehmen.

– Überprüfen: Anschließend werden die aufgezeichneten Dialoge im Plenum von der Kassette vorgespielt. Dabei können Sie gemeinsam mit den TN die sprachliche Angemessenheit bestimmter Äußerungen überprüfen oder einfach über mögliche Ausspracheprobleme, Grammatikfehler etc. sprechen.

G   Kurz & bündig

Material   Kopien von Kopiervorlage 6/6 „Meine Lieblingsfehler"

Diktate

Diktat

Lassen Sie die TN im Anschluss an das Diktat raten, wer die beschriebene Person ist.

Wer ist das?

Die gesuchte Frau wurde im Dezember 1901 geboren. Sie besuchte in den 20er-Jahren eine Schauspielschule in Berlin und trat in Stummfilmen und im Theater auf. Mit Ende 20 entdeckte sie ein Filmregisseur, und sie bekam die Hauptrolle in einem der ersten deutschen Tonfilme. Dieser Film hatte den Titel „Der Blaue Engel". Für die Schauspielerin war der Film der Anfang ihrer Karriere als Weltstar. Durch ihren Erfolg als „Blauer Engel" kam sie nach Hollywood. Dort war sie berühmt für ihre Schönheit und ihre Kleidung: Sie zog sehr auffallende Männeranzüge an. Nach dem Krieg arbeitete sie erst weiter als Schauspielerin in den USA und Europa. Dann fing sie an, als Sängerin aufzutreten. Bis 1975 konnte man sie auf der ganzen Welt sehen. In ihren letzten Jahren lebte sie in Paris, wo sie 1992 starb. Auf ihren eigenen Wunsch wurde sie in Berlin begraben.

Lösung: Marlene Dietrich

Nach dem Diktat und seiner Korrektur verteilen Sie die Kopien der Kopiervorlage 6/6 und die TN suchen nach ihren „Lieblingsfehlern" (s. Methodentipp).

METHODE

Meine Lieblingsfehler
Die deutsche Rechtschreibung stellt für viele Lernende ein großes Problem dar. Auch wenn man Diktaten durch weniger traditionelle Vorgehensweisen (vgl. Laufdiktat, Rückendiktat oder Dosendiktat) ihren Schrecken nimmt, so kann die Fehlerkorrektur doch oft ein eher frustrierendes Erlebnis sein. Die Methode „meine Lieblingsfehler" ist ein Weg, den TN zu zeigen, wie man konstruktiv mit Fehlern umgehen kann: Die Lernenden analysieren ihre eigenen Fehler, entdecken dadurch ihre persönlichen Problembereiche und können gezielter üben.
Ganz konkret bietet sich folgendes Vorgehen an (siehe auch Kopiervorlage 6/6 „Meine Lieblingsfehler"):
Nach dem Diktat und der anschließenden Korrektur versuchen die TN ihre Fehler in Kategorien einzuordnen (z. B. Laut- und Buchstabenzuordnung; Groß- und Kleinschreibung; Getrennt- und Zusammenschreibung), wobei Sie ihnen besonders zu Beginn helfen sollten. So sollten Sie häufige Fehler zunächst gemeinsam im Plenum einordnen und die TN erst danach alleine arbeiten lassen. Die Lernenden schreiben jeweils das falsche und das korrigierte Wort auf und stellen anschließend fest, in welcher Kategorie sich die meisten Fehler befinden. Außerdem markieren die TN die 3–5 Fehler, über die sie sich am meisten geärgert haben (weil sie „eigentlich" die richtige Schreibweise kennen ...). Dies sind dann die Lieblingsfehler, auf die sich die TN besonders konzentrieren sollten. Hierzu können sie z. B. das korrekte Wort auf eine Karte schreiben und sich für eine bestimmte Zeit zu Hause an die Wand hängen oder die Karten in einer speziellen Lernkartei sammeln.
Wenn Sie diese Methode öfter anwenden, sollten die TN die Kopien mit der Fehleranalyse aufbewahren, um nach einiger Zeit eine Gesamtauswertung vornehmen zu können, die ihnen auch zeigen kann, inwiefern sich ihre Problembereiche verändert haben oder ob sie Fortschritte gemacht haben.

Freies Diktat

Die TN schreiben über ihr Leben und beantworten die folgenden Fragen mit „wenn" oder „als".

Wann haben Sie sich als Kind gefreut? _____

Wann hatten Sie als Kind Angst? _____

Wann haben Sie sich als Kind gelangweilt? _____

Wann hatten Sie viel Spaß mit Ihren Freunden? _____

Wann hatten Sie Ärger mit Ihren Eltern? _____

Lektion 7

A Entdecken Sie Leipzig!

Eine Stadt kennenlernen

A 1   Umrisse von D, A, CH mit den Hauptstädten als Plakat
A 4   Kopiervorlage 7/1 „Rollenspiel" (Zusatzübung)

Arbeitsbuch 1–2 *(vor Kursbuch A1!)*: Wortschatz zu den Sehenswürdigkeiten in einer Stadt
1   Zuordnung von Sehenswürdigkeiten zu Zeichnungen (Partnerarbeit)
2   Hörverständnis: Zuordnung von Dialogen zu Sehenswürdigkeiten (im Kurs)

A 1   Focus   Einstieg ins Thema „Reisen"; Vermutungen über Bilder anstellen
Material   Umrisse von D, A, CH mit den Hauptstädten als Plakat

1. **Reisen in deutschsprachigen Ländern:** Hängen Sie das Plakat mit den Umrissen und Hauptstädten (zur leichteren Orientierung) von D(eutschland), A (Österreich), CH (Schweiz) auf und fragen Sie die TN: „Wo waren Sie schon?" Lassen Sie sie die ungefähre Lage beschreiben und den Ort auf dem Plan einzeichnen. Sprechen Sie mit dem TN über den Zweck der Reise und darüber, was er gesehen hat. Lassen Sie auch andere TN kurz über ihre Reisen erzählen und markieren Sie die Orte. So entsteht eine Landkarte, auf der alle den TN bekannten Orte verzeichnet sind.
   Zusatzübung: Wenn die TN Lust dazu haben, können sie auch Kurzreferate zu den von ihnen besuchten Städten vorbereiten, die sie dann im Laufe der Lektion 7 halten. Als Vorgaben für das Referat können folgende Fragen dienen: „Welche Sehenswürdigkeiten gibt es? Was kann man in dieser Stadt machen? Welche persönliche Erfahrung hat der TN dort gemacht? Wie ist die Sprache? Kann man das Deutsch gut verstehen oder nicht?"
   Bitten Sie die TN, auch Bilder und Postkarten mitzubringen, die (oder deren Kopien) Sie dann auf die Landkarte kleben, damit sich die Karte im Laufe des Kurses mit Informationen zu Deutschland füllt.

2. Klären Sie auf der Karte, wo Leipzig liegt. Betrachten Sie dann mit den TN die Fotos von Leipzig im Buch. Fragen Sie die TN: „Was sehen Sie auf den Bildern?" und sammeln Sie – nach den Buchstaben geordnet – die Beobachtungen in Stichworten an der Tafel. Lassen Sie die TN dann vermuten: „Was für eine Sehenswürdigkeit ist das?" oder „Wo ist das?" und bitten Sie sie um Begründungen. Lassen Sie hier auch „falsche" Antworten gelten – insbesondere die Bilder C und E lassen unterschiedliche Vermutungen zu. Helfen Sie mit unbekanntem Wortschatz, z. B. „Halle" und „Einkaufszentrum" und notieren Sie die Vermutungen an der Tafel. Später können sie mit den Lösungen verglichen werden.
   Fragen Sie die Teilnehmer auch, was ihnen gefällt und was nicht. Sammeln Sie die dafür notwendigen Redemittel an der Tafel.

☺	☹
Mir gefällt ..., weil	Mir gefällt sie/er/es nicht, weil ...
Also, ich finde ... sehr schön, weil ...	... gefällt mir nicht besonders. Die/Der/Das ist mir zu ...
Die/Der/Das ... ist sehr stilvoll.	Was? Also ich finde ... überhaupt nicht interessant.

3. In redefreudigen Gruppen können Sie zum Abschluss ein Gespräch zum Zitat von Lessing anregen. Bilden Sie Kleingruppen, in denen die TN die Charakteristika einer Stadt sammeln, in der man „die ganze Welt im Kleinen sehen kann": „Was gibt es wohl in solch einer Stadt?", „Wie muss solch eine Stadt aussehen?" Die Kleingruppen berichten im Plenum darüber.

1. Erklären Sie anhand des Beispieleintrags im Buch die Aufgabe. Bei den Beschreibungen handelt es sich um kurze Textauszüge aus einer Informationsbroschüre zu Leipzig.

2. Lassen Sie die TN nun Text Nummer 6 lesen und die Signalwörter heraussuchen, die zeigen, dass dieser Text zu Bild F passt (Gewandhaus**orchester**, Kammer**musiksaal**, 1900 Zuhörer, 500 Besucher). Vergleichen Sie mit den zuvor an der Tafel gesammelten Beobachtungen und Vermutungen zu diesem Foto.

3. Die TN lesen die Beschreibungen, suchen zu jeder Beschreibung das passende Bild und unterstreichen dabei die Signalwörter, mit deren Hilfe sie die Bilder zugeordnet haben. Die Ergebnisse werden mit den Nachbarn verglichen und bei Zweifeln anhand der Textstellen diskutiert. Gehen Sie dabei herum und helfen Sie bei Unstimmigkeiten. Vergleichen Sie zum Schluss im Plenum die Ergebnisse noch einmal mit den zuvor an der Tafel gesammelten Vermutungen.

Lösung: 1E;   2B;   3D;   4A;   5C;   6F;   7G

Lektion 7

A 3	Focus	selegierendes Leseverständnis: richtig/falsch-Aussagen zuordnen

1. Lesen Sie das erste Beispiel im Buch gemeinsam mit den TN und lassen Sie die TN die passende Textstelle finden.
2. Die TN lösen dann die restlichen Aufgaben in Partnerarbeit. Anschließend Vergleich in Form einer Kettenübung im Plenum. Klären Sie mögliche Unstimmigkeiten, indem Sie die TN die passende Textstelle vorlesen lassen und die Aussage noch einmal im Kontext als richtig oder falsch ankreuzen.

Lösung: **richtig:** 1, 3, 4, 5, 7; **falsch:** 2, 6

Arbeitsbuch 3: Multiple Choice: Lückentext mit Bausteinen ergänzen; Brief schreiben (Stillarbeit oder Hausaufgabe)

A 4	Focus	Über Pläne sprechen: Vorschläge und Gegenvorschläge machen: „würde + Infinitiv", „können" im Konjunktiv II
	Material	*Zusatzübung:* Kopien von Kopiervorlage 7/1 „Rollenspiel"

1. Leiten Sie die Diskussion folgendermaßen ein: „Stellen Sie sich vor, wir sind in Leipzig. Ich habe einige Vorschläge, was wir machen könnten: Wir könnten am Abend ins Gewandhaus und auch ins Bach-Museum gehen." Schreiben Sie den Satz mit dem Vorschlag an die Tafel. Fragen Sie einen TN: „Was würden Sie lieber machen?" und schreiben Sie dessen Antwort mit „würde + Infinitiv" ebenfalls an. Machen Sie die unterschiedlichen kommunikativen Funktionen dieser Redemittel deutlich: „Mit „Wir könn- ten ..." macht man Vorschläge in einer Gruppe, mit „Ich würde

> **Vorschläge**
>
> Wir könnten am Abend ins Gewandhaus und auch ins Bach-Museum gehen.
>
> Ich würde lieber ...
> Wir könnten auch ...

lieber ..." oder mit „Wir könnten auch ..." macht man Gegenvorschläge. Verzichten Sie hier auf eine ausführliche Behandlung der Formen des Konjunktivs von „können". Das erfolgt erst in *Tangram aktuell 3, L. 1–4.* Gegebenenfalls lassen Sie jedoch die TN die Formen von „würden" wiederholen.

2. Bitten Sie zwei TN, den Dialog im Buch vorzulesen und ermuntern Sie die TN, ein paar weitere Vorschläge für einen Leipzigbesuch zu machen.

3. Teilen Sie die TN in Zweier- oder Dreiergruppen ein. Die Gruppen schlagen ein Programm für einen Tag vor, das für den gesamten Kurs interessant ist – darin soll laut des Plangerüstes im KB ein Programmpunkt für jede Stunde enthalten sein. Gehen Sie herum und regen Sie zur Diskussion an. Die Programme werden anschließend dem gesamten Kurs als Vorschlag unterbreitet. Zum Schluss müssen sich alle auf ein Programm einigen.

Zusatzübung: In spielfreudigen Gruppen können Sie auch das Rollenspiel der Kopiervorlage 7/1 durchführen. Teilen Sie die TN in Gruppen zu je vier Personen ein. Jeder TN erhält nun eine Kopie der Kopiervorlage 7/1 und liest die Aufgaben und die Beschreibung der Personen. Helfen Sie bei Unklarheiten. Dann werden gemeinsam die Rollen festgelegt. Erst dann lesen die TN die Informationen zu den Städten und entscheiden sich – entsprechend der jeweiligen Rolle – für ein oder zwei Reiseziele. Danach diskutieren sie mit den anderen Familienmitgliedern ihre Vorschläge und versuchen, sich auf ein Reiseziel, das Verkehrsmittel und ein Programm für das Wochenende zu einigen. Bei genügend Zeit werden die Kurzreisen im Plenum vorgestellt.

B   Über Nacht in Leipzig

Ein Hotelzimmer buchen

B 1   OHP-Folie zum Beschriften; Kärtchen mit verschiedenen Reiseanlässen
B 5   OHP-Folie von KB-Seite 35
B 6   Hotelprospekte *(Variante)*; Kopiervorlage 7/2 „Zimmervermittlung" *(Variante)*

B 1   Focus   Einstieg ins Thema „Reisen und Hotels": Informationen aus Prospekten sammeln, ordnen und für eigene Pläne verwerten
Material   OHP-Folie zum Beschriften; Kärtchen mit verschiedenen Reiseanlässen

1. Regen Sie zunächst ein Gespräch über die Prospekte an, indem Sie die TN in folgende Situation versetzen: „Stellen Sie sich vor, Sie möchten in Leipzig übernachten und buchen ein Hotel. Sie haben diese Prospekte vorliegen. Was für eine Unterkunft wählen Sie aus?" Falls die TN *übernachten* und *Unterkunft* nicht aus dem Kontext erschließen können, erklären Sie die Wörter. Die TN betrachten (nicht lesen!) die Hotelprospekte und ordnen sie nach ihrem Aussehen den Preiskategorien *sehr teuer – teuer – normal – günstig* zu. Halten Sie die Ergebnisse an der Tafel fest.

2. Übertragen Sie nun die Tabelle aus dem Buch an die Tafel. Lesen Sie gemeinsam die Informationen zum Hotel ibis in der Tabelle, klären Sie die Spaltenüberschriften mithilfe der Beispieleintragungen und fragen Sie: „Wo steht das im Prospekt?" Die TN unterstreichen die entsprechenden Textstellen. Klären Sie unbekannten Wortschatz wie z. B. „Nichtraucherzimmer", „behindertenfreundlich", und „Weckdienst". Weisen Sie darauf hin, dass es sich dabei nur zum Teil um Angebote handelt, die nicht jedes Hotel hat, die also „Extras" sind, und tragen Sie gemeinsam im Plenum die Informationen für ein weiteres Hotel in die Tabelle ein.

3. Fordern Sie die TN auf, die entsprechenden Informationen für die weiteren Hotels aus den Prospekten herauszusuchen und in möglichst kurzer und übersichtlicher Form in die Tabelle einzutragen. Zwei stärkere TN schreiben ihre Lösung auf OHP-Folie. Währenddessen haben Sie Gelegenheit herumzugehen und bei Schwierigkeiten zu helfen. Achten Sie darauf, dass die TN ihre Eintragungen möglichst knapp halten.
   Variante (zur schnelleren Bearbeitung): Kleingruppen von drei TN bearbeiten jeweils nur ein Hotel, zu jedem Hotel wird eine OHP-Folie verteilt.

4. Die Ergebnisse werden von den TN auf OHP-Folie präsentiert, im Plenum verglichen und gegebenenfalls durch weitere Informationen ergänzt. Diskutieren Sie über Unterschiede, die in der Rubrik „Extras" auftreten können.
   Lösung:

Hotel ibis	Leipzig Zentrum sehr zentral (am Hauptbahnhof)	126 Zimmer, davon 42 Nichtraucherzimmer, 4 Zimmer für Behinderte	63 €, Frühstück 7,50 €	24 Stunden Empfang, Hotelbar, Frühstücksbuffet, Weckdienst, Direktwahltelefon, Fernsehen und Radio, Tiefgarage, öffentliches Parkhaus in der Nähe
Hotel Accento	Nordosten von Leipzig (7 km zur Innenstadt, 3 km zur Messe)	115 Zimmer, davon 4 Suiten, 11 Businesszimmer	89–129 €, Businesszimmer 109–139 €, Suiten 149–199 €, Frühstück 9 €	Frühstücksbuffet, Sauna und Fitnessraum, kostenlos Fernsehen und Radio, Telefon, Modem/Faxanschluss, ISDN-Anschluss, Nichtraucherzimmer, Restaurant, Bar, Konferenzräume mit moderner Kommunikationstechnik, kostenlose Parkmöglichkeit
Kempinski Hotel Fürstenhof	Im Zentrum (zwischen Zoo und Altstadt)	92 Zimmer und Suiten	170–255 €, Suiten 325–1050 €	Zimmer mit Klimaanlage und Minibar, Telefon, Safe, Radio und Fernsehen, Fax- und PC-Anschluss; Kinder bis 12 Jahre kostenlos im Zimmer der Eltern; Restaurant, Bar, Konferenzräume; Fitnessbereich, Tiefgarage
Jugendherberge Leipzig-Centrum	Zwischen Messe und Stadtzentrum Ost	176 Betten in 2- bis 6-Bett-Zimmern, Leiter- und Familienzimmer	12–14,50 €	Sportraum, Tischtennis, Fernsehen und Video, Videokamera, Dia- und Tageslichtprojektor, Leinwand, Flipchart, Programm- und Kartenservice

5. Bilden Sie nun Dreiergruppen, indem Sie Kärtchen verteilen, auf denen verschiedene Reiseanlässe stehen, z. B. Wochenendtrip, Hochzeitsreise, Geschäftsreise, Seminar, Reise zur Messe, Kurzreise mit der Familie / mit Freunden, Klassenfahrt einer Schulklasse, Fahrradtour durch Sachsen. Die Anzahl der Kärtchen ist von der TN-Zahl in Ihrem Kurs abhängig. Jeder Begriff muss auf jeden Fall dreimal auftauchen. Immer drei TN mit dem gleichen Reiseanlass bilden eine Gruppe. Lesen Sie mit einer Gruppe den Beispieldialog im Buch vor. Die TN schlagen für ihren Reiseanlass in der Gruppe ein Hotel vor. Gehen Sie herum und achten Sie darauf, dass die TN für ihre Vorschläge die würde-Form oder auch die aus A4 bekannte Form (könnt-) benutzen. Schließlich sollte sich jede Gruppe auf ein Hotel einigen. Die Gruppen stellen ihren Reiseplan im Plenum vor und begründen die Wahl ihres Hotels.

B 2   Focus   selegierendes Hörverständnis: Anrufbeantworter abhören; Informationen in Tabelle ergänzen

1. Die TN hören nun fünf Anrufe, die von einem Anrufbeantworter aufgezeichnet wurden. Erklären Sie die Situation: „Sie arbeiten beim Leipzig Tourist Service und vermitteln Hotelzimmer. Sie kommen am Morgen ins Büro. Als Erstes hören Sie den Anrufbeantworter ab und schreiben alle wichtigen Informationen auf. Dafür haben Sie einen Notizzettel, der im Buch abgedruckt ist." Übertragen Sie die Tabelle an die Tafel und klären Sie die Bedeutung der einzelnen Kategorien.

2. Spielen Sie die erste Anruferin vor und ergänzen Sie gemeinsam mit den TN die noch fehlenden Informationen in der Tabelle (falls nötig, mehrfach vorspielen).

3. Die TN hören nun alle Aufzeichnungen des Anrufbeantworters. Machen Sie nach jedem Sprecher einen Stopp, damit die TN Zeit für ihre Eintragungen haben. Spielen Sie den Text dann noch ein zweites Mal vor, diesmal ohne Unterbrechung. Die TN vergleichen zunächst in Partnerarbeit ihre Ergebnisse, bevor sie im Plenum an der Tafel gesammelt werden.

Lösung:

Uschi Mai	030/475329	3 Personen			nicht teuer
Riethenschneider	06641/3523	1 Person	2 Nächte	zentral	Geld spielt keine Rolle
Sibylle Schneider	0171/230977	1 Person	3 Tage	Nähe Messe	
Edelmann	0211/885367	4 Personen (Ehepaar mit zwei Kindern)	Wochenende	zentral	nicht allzu teuer

4. Fragen Sie die TN, ob ihnen bei den Aufzeichnungen etwas aufgefallen ist und weisen Sie die TN auf die dialektalen Einfärbungen der Sprecher hin. Spielen Sie die Dialektsprecher noch einmal kurz an und lassen Sie sie raten, woher sie kommen. Die Ansage sowie der Anrufer, der falsch verbunden ist, sprechen Sächsisch. Herr Edelmann kommt aus Nordrhein-Westfalen.

METHODE

Dialekte im Unterricht

In den deutschsprachigen Ländern (Deutschland, Österreich, Schweiz) spricht man jeweils unterschiedliche Varietäten des Deutschen und es gibt jeweils viele regionale Dialekte. Grundlage des Deutschunterrichts sollten natürlich die Gemeinsamkeiten dieser Varietäten sein, also das „Allgemeindeutsch". Da aber die Unterschiede nicht nur sprachlicher, sondern auch kommunikativer und sozialpsychologischer Natur sind und in der Realität eigentlich fast nirgends „reines Hochdeutsch" gesprochen wird, erscheint es sinnvoll, die TN im Rahmen des Hörverständnis-Trainings schon früh an die verschiedenen Varianten und einige dialektale Färbungen zu gewöhnen. Dabei geht es sowohl um das Kennenlernen der Verschiedenartigkeit und Vielfalt als auch darum, den TN die Angst davor zu nehmen, außerhalb des Unterrichts etwas verstehen zu müssen, was vom Hochdeutschen abweicht.

Insbesondere im Ausland haben TN wenig Möglichkeiten authentischer, d. h. oft auch dialektal gefärbter Sprache zu begegnen. Vor allem in dieser Lektion haben sie die Gelegenheit, Deutsch zu hören, wie es in Sachsen, in Österreich und in der Schweiz gesprochen wird.

B 3   Focus   Freies Gespräch: Mithilfe der Notizen aus B1 und B2 Hotels empfehlen

1. Fragen Sie einzelne TN, welches Hotel sie Uschi Mai empfehlen würden. Weisen Sie sie auf die in B2 erstellte Tabelle mit den Wünschen der Anrufer hin. Ermuntern Sie die anderen TN zu Gegenvorschlägen und dazu, sie jeweils auch zu begründen.

2. Die TN sollen nun für jeden Anrufer ein passendes Hotel empfehlen, dies begründen und schriftlich festhalten. Die Notizen in den Tabellen von B1 und B2 sind dabei hilfreich.

3. Anschließend werden die Empfehlungen im Plenum verglichen und besprochen.

Arbeitsbuch 4–5: Wortschatzübung und Leseverständnis zum Thema „Hotel"

4   Wortschatzübung: Begriffe Piktogrammen zuordnen (Hausaufgabe)

5   Leseverständnis: Hotelprospekte vergleichen: Aussagen zuordnen (Hausaufgabe)

B 4 Focus Hörverständnis: Lücken ergänzen; Grammatik: Einführung der indirekten Fragen

1. Bitten Sie die TN, sich vorzustellen, sie würden bei der Leipziger Touristen-Information arbeiten: Das Telefon klingelt, ein Anrufer möchte ein Hotelzimmer buchen. Welche Fragen würden sie stellen? Helfen Sie, falls nötig, mit Stichwörtern wie Ankunftszeit, Zeitdauer, Art des Zimmers, Preis, Lage, Mahlzeiten, Extras usw. und notieren Sie Fragewörter oder Verben als Satzanfänge an der Tafel. Lassen Sie dann von einzelnen TN die kompletten Fragen an die Tafel schreiben und wiederholen Sie dabei die Verbstellung bei der Ja / Nein-Frage und der W-Frage

2. Bitten Sie die TN, beim ersten Hören (bei geschlossenen Büchern!) in Stichwörtern zu notieren, welche Punkte angesprochen werden. Erstellen Sie dann auf Zuruf an der Tafel eine Liste mit Stichworten und – evtl. nach einem weiteren Hören – Informationen zu dem Gespräch (Wann? – Freitagnachmittag, Wie lange? – bis Sonntag/zwei Nächte, Zimmer? – Doppelzimmer, Mahlzeiten? – nur Frühstück, Extras? – Swimmingpool, Wie teuer? – bis 100 €, Lage?).

3. Die TN schlagen nun die Bücher auf, lesen den Dialog und vergleichen mit ihren Notizen. Sie ergänzen die Lücken und hören dabei (als Unterstützung) oder danach (zur Kontrolle) den Text ein weiteres Mal. In Partnerarbeit werden die Eintragungen verglichen, im Plenum werden die Informationen noch einmal mündlich zusammengefasst: „Was für ein Zimmer sucht Herr Renker für wann, für wie lange und welches Hotel wählt er aus: das im Zentrum oder außerhalb?" Die Antwort darauf ist nicht mehr im Buch abgedruckt: Er wählt das Hotel außerhalb, obwohl er ursprünglich ein Hotel im Zentrum wollte. Klären Sie die Zeitangabe „am kommenden (= nächsten) Wochenende".

Lösung: vgl. Hörtext und die Transkription im Anhang

4. Schreiben Sie den Satz „Herr Renker ruft beim Leipzig Tourist Service an, weil er ein Zimmer in Leipzig sucht." an die Tafel und klären Sie an diesem Beispiel das typische Merkmal von Nebensätzen: Verben stehen am Ende. Schreiben Sie darunter die erste indirekte Frage aus dem Text „Können Sie mir sagen, wann Sie ankommen?" und lassen Sie die TN die Verben suchen. Bestätigen Sie, dass es sich auch hier um einen Nebensatz handelt.

5. Die TN unterstreichen nun alle Nebensätze. Sammeln Sie sie an der Tafel (hier noch ohne Satzzeichen!), lassen Sie dabei links davon Platz, um in einem zweiten Schritt (6.) die einleitenden Ausdrücke zu ergänzen. Fragen Sie, wo die Verben stehen, und unterstreichen Sie diese auf Zuruf der TN.

6. Ergänzen Sie an der Tafel bei der ersten Frage den einleitenden Ausdruck und das entsprechende Satzzeichen. Machen Sie auf den Zusammenhang von einleitendem Ausdruck und Satzzeichen am Ende aufmerksam. Fragen Sie: „Ist das eine Aussage oder eine Frage?" Verdeutlichen Sie nun, dass sich das Satzzeichen am Ende des ganzen Satzes auf die Einleitung bezieht. Die TN sammeln nun die weiteren einleitenden Ausdrücke aus dem Dialog auf einer Liste (mit Satzzeichen, vgl. Beispielzettel im Buch). Lassen Sie dann einzelne TN diese Ausdrücke an die Tafel schreiben und achten Sie darauf, dass dabei auch die Satzzeichen am Satzende übernommen werden. Stellen Sie eine indirekte Frage und dieselbe noch einmal als direkte Frage. Die TN sollen sich dazu äußern, welche Version höflicher klingt. Lesen Sie gemeinsam den Lerntipp und lassen Sie die TN die entsprechenden indirekten Fragen finden.

B 5 Focus Systematisierung der Regeln für indirekte Fragen
      Material evtl. OHP-Folie von KB-Seite 35

1. Anhand des Beispiels im Buch zeigen Sie an der Tafel, wie man aus einer indirekten Frage eine direkte Frage macht. Markieren Sie das Fragewort in beiden Sätzen und lassen Sie die Verben suchen.

2. Die TN lesen die Beispielsätze und ergänzen in Stillarbeit die fehlenden direkten Fragen. Gehen Sie noch einmal auf den Unterschied zwischen W-Fragen und Ja/Nein-Fragen ein, indem Sie die direkten Fragen aus dem Kasten beantworten lassen.

3. In Stillarbeit werden die vorgegebenen Wörter im Regeltext auf KB-Seite 35 oben ergänzt. Weisen Sie bei Fragen oder Unklarheiten noch einmal auf die Beispielsätze auf S. 34 unten hin. Ein stärkerer TN schreibt die Ergebnisse auf OHP-Folie. Danach können die TN ihre Ergebnisse mit der Folie vergleichen.

Lösung: 1 Indirekte Fragesätze beginnen mit einem *Fragewort* oder mit *ob*. Sie beginnen mit „ob", wenn man die Antwort „Ja" oder „Nein" erwartet; 2 … Bei Fragen steht am Satzende ein *Fragezeichen*, bei Aussagen steht am Satzende ein *Punkt*. Zwischen Hauptsatz und Nebensatz steht immer ein *Komma*.

4. Um zu überprüfen, ob die Regeln auch tatsächlich verstanden wurden, lassen Sie die TN für jede Regel ein Beispiel aus dem Text suchen, also eine indirekte Frage mit „ob" und eine mit einem Fragewort sowie jeweils eine, die mit einer Aussage bzw. mit einer Frage eingeleitet wird.

5. Wenn Sie die Formen mit Ihren TN etwas „einschleifen" möchten, lassen Sie nach dem Muster des Dialogs von B4 in Dreiergruppen einen Anruf bei der Zimmervermittlung nachspielen: TN 1 spielt die Zimmervermittlung, TN 2 ist die Frau oder der Mann im Hintergrund, TN 3 ist der Partner oder die Partnerin, die bei der Zimmervermittlung anruft. TN 2 führt das Gespräch und stellt immer direkte Fragen, TN 3 gibt diese Fragen als indirekte Fragen an die Zimmervermittlung weiter, indem er sie mit „Mein Mann/Meine Frau fragt/möchte wissen, …" oder anderen Ausdrücken (vgl. Sammlung von B4) einleitet.

Variante: Erstellen Sie gemeinsam mit den TN ein Dialoggerüst von B4 und lassen Sie die TN in Anlehnung daran den Dialog variieren und frei spielen. Gegebenenfalls können Sie auch die Anfänge von den indirekten Fragen vorgeben.

B 6	Focus	Freie Anwendungsübung: indirekte Fragen; Telefonat mit der Zimmervermittlung
	Material	*Variante:* Hotelprospekte; *Variante:* Kopien von Kopiervorlage 7/2 „Zimmervermittlung"

1. Wiederholen Sie, falls nötig, mit den TN Zeitangaben auf die Frage Wann?, insbesondere *am* + Datum und *von ... bis ...* . Erklären Sie die Ausdrücke: *ein Zimmer buchen, ausgebucht, frei.* Klären Sie die Situation und fordern Sie die TN auf, bei ihren Telefonaten besonders höflich zu sein, also indirekte Fragen zu benutzen. Als Vorgabe für die Zimmervermittlung dienen die Prospekte auf den Seiten 32/33 und die Notizen von B1.
   Variante: Wenn Sie die Aufgabe authentischer gestalten möchten, empfiehlt es sich, statt der Prospekte im Buch Realien, also z.B. Hotelprospekte Ihres Kursortes (im Inland) oder anderer deutschsprachiger Städte zu benutzen.

2. Entwerfen Sie zusammen mit den TN an der Tafel ein Dialoggerüst in Stichworten und lassen Sie entsprechende Fragen und Antworten von den TN sprechen.

3. Bilden Sie Zweiergruppen, indem Sie Wortkarten schreiben mit direkten und dazu passenden indirekten Fragen. Die TN mit der jeweils passenden direkten und indirekten Frage arbeiten zusammen und verwenden diese Frage mit in ihrem Dialog. Um die Übung flüssiger zu gestalten, sollten sich beide TN auf beide Rollen vorbereiten, d. h. sie überlegen sich den Grund ihrer Reise, welche Ansprüche sie an ein Hotel haben, ab wann und für wie lange sie das Zimmer buchen möchten usw. Die TN sollen sich dabei zu den Stichwörtern im Kasten Notizen machen. Machen Sie die TN hier noch einmal auf die Liste der einleitenden Ausdrücke von B4 aufmerksam und geben Sie etwa 10 Minuten Vorbereitungszeit.

4. Die TN spielen die Telefonate Rücken an Rücken, um die Situation am Telefon realistischer zu simulieren. Nach einem Anruf werden die Rollen getauscht. Besonders gelungene Dialoge können noch einmal im Plenum vorgespielt werden.
   Variante: Wenn Sie die Übung stärker steuern möchten, setzen Sie zerschnittene Kopien der Kopiervorlagen 7/2 ein. Der TN mit dem A-Blatt übernimmt die Rolle der „Zimmervermittlung", der TN mit dem B-Blatt übernimmt die Rolle des „Anrufers". Geben Sie den TN kurz Zeit, sich in ihre Situation einzufinden, sich Notizen zu machen und sich passende Fragen und Formulierungen zu überlegen. Gehen Sie dabei herum und geben Sie bei Bedarf Hilfestellung. Dann spielen die TN ihre Telefonate. In einer zweiten Runde werden die Rollen (und in starken Gruppen auch die Situationsvorgaben 1 bzw. 2) getauscht. Freiwillige TN präsentieren ihre Dialoge im Plenum.

Arbeitsbuch 6–11: Grammatikwiederholung und Sprechübung: indirekte Fragen
- 6   Lückentext: indirekte Fragen ergänzen; Vergleich mit dem Hörtext (Stillarbeit oder Hausaufgabe)
- 7   Indirekte Fragen nach Vorgaben schreiben (Hausaufgabe)
- 8   Indirekte Fragen in direkte Fragen umwandeln (Hausaufgabe)
- 9   Indirekte Fragen schreiben (Hausaufgabe)
- 10 Formellen Brief schreiben und dabei indirekte Fragen benutzen (Stillarbeit oder Hausaufgabe)
- 11 Sprechübung zu indirekten Fragen (Hausaufgabe)

C   Zwischen den Zeilen

C 1	Focus	Indirekte Fragen als Echofragen; Satzmelodie von Echofragen

1. Die TN lesen den Text über die Verwendungsweise von Echofragen, ergänzen in Partnerarbeit die indirekten Fragen und vergleichen sie mit dem Hörtext. Stoppen Sie die CD/Kassette nach jedem Dialog, damit die TN Zeit haben, ihre Echofragen zu korrigieren. Klären Sie nach jedem Dialog, ob es sich hier um eine Rückfrage handelt oder ob die Echofrage gestellt wird, um Zeit für die Antwort zu gewinnen. Die TN unterstreichen sich noch einmal die „wirklichen" Rückfragen.
   Lösung: vgl. Hörtext und die Transkription im Anhang

2. Die TN sollen in einem zweiten Hördurchgang die Satzmelodie bei den Echofragen markieren, indem sie die entsprechenden Pfeile ergänzen. Klären Sie dazu noch einmal die Markierungspfeile, sprechen Sie den Beispielsatz in verschiedenen Varianten und unterstreichen Sie die jeweiligen Satzmelodien durch entsprechende Handbewegungen.

3. Die TN markieren die Satzmelodie. Spielen Sie die Dialoge mit Pausen vor. Nehmen Sie widersprüchliche Lösungen zum Anlass für nochmaliges Hören oder unterstreichen Sie die Satzmelodie mit der entsprechenden Handbewegung.
   Lösung: vgl. Hörtext und die Transkription im Anhang

4. Die TN ergänzen die Regeln für die Satzmelodie bei Echofragen.
   Lösung: Echofragen zum Zeitgewinn: → oder ↘; Echofragen als Rückfragen ↗

C 2	Focus	Freie Anwendungsübung: Partnerinterview mit Echofragen

1. Erarbeiten Sie gemeinsam an der Tafel zu den Stichpunkten im Buch passende Fragen und die dazugehörigen Echofragen. Ergänzen Sie dann die Themenliste um weitere Stichpunkte und lassen Sie dazu passende Fragen und Echofragen finden.

2. Die TN interviewen sich gegenseitig. Gehen Sie herum, achten Sie auf den richtigen Gebrauch der Echofragen und lassen Sie nach einigen Minuten neue Interviewpartner suchen.

Arbeitsbuch 12–14: Wortbildung: Adjektive mit „-los" und „-voll"
- 12 Nomen von Adjektiven mit den Endungen „-los" und „-voll" ableiten (Stillarbeit oder Hausaufgabe)
- 13 Adjektive mit den Endungen „-los" und „-voll" aus Nomen bilden (Stillarbeit oder Hausaufgabe)
- 14 Lückentext: passende Adjektive ergänzen (Hausaufgabe)

D Hier gehts lang!

Nach dem Weg fragen – einen Weg beschreiben

D 1   OHP-Folie vom Stadtplan (vergrößert) auf KB-Seite 36
D 3   OHP-Folie vom Stadtplan (vergrößert) auf KB-Seite 36; Kärtchen mit Zielen vorbereiten; Stadtplan einer
      deutschen Stadt oder im Inland vom Kursort *(Zusatzübung)*

D 2   Focus   selegierendes Hörverständnis: Wegbeschreibungen verstehen
           Material   OHP-Folie vom Stadtplan (vergrößert) auf KB-Seite 36

 1. Lassen Sie zunächst die TN auf der Österreich-Karte (innere Umschlagseite hinten) Graz suchen. Regen Sie ein Gespräch
      über weitere bereits bekannte Städte in Österreich an, u. U. wurde auch bei der Bearbeitung von AB B (Hotels in Graz)
      schon über Österreich gesprochen.
   2. Klären Sie die Situation, indem Sie auf das Paar links oben verweisen: Anna und Sebastian sind Touristen und besich-
      tigen Graz. Betrachten Sie gemeinsam die Bilder im Buch: Die TN stellen anhand der Fotos Vermutungen an, welche Art
      von Sehenswürdigkeiten die beiden auf ihrer Tour besichtigt haben.
   3. Wenn Sie den Hörtext noch mehr vorentlasten möchten, können Sie die TN zuvor noch mit dem Stadtplan vertraut
      machen. Fragen Sie mit „Wo ist/liegt …?" nach den Standorten von Schlossbergbahn, Uhrturm, Rathaus, Dom und
      Oper und sammeln Sie die Ergebnisse mit den entsprechenden Präpositionen an der Tafel.

> *Wo?*
> *DATIV*
> *Der Uhrturm steht auf dem Schlossberg.*
> *Der Hauptbahnhof liegt im Westen von Graz.*
> *Das Rathaus liegt neben der Tourist Information.*
> *Der Dom ist zwischen der Hofgasse, der Bürgergasse und der Burggasse, gegenüber dem Schauspielhaus.*
> *Die Oper liegt am Opernring.*

 4. Fragen Sie nun gezielt nach dem Hauptbahnhof als Ausgangspunkt der Besichtigungstour. Der Bahnhof befindet sich
      links auf dem Plan, im Westen von Graz. Spielen Sie nun den Hörtext vor. Die TN folgen Annas Beschreibung und zeich-
      nen den Weg auf ihrer Karte ein. Die TN vergleichen ihre Ergebnisse in Partnerarbeit. Nehmen Sie Widersprüche zum
      Anlass, den Hörtext (gegebenenfalls mit Pausen) noch einmal vorzuspielen.
   5. Lassen Sie einen TN zur Korrektur im Plenum die Route auf der Folie einzeichnen. Bitten Sie die anderen TN, den
      Zeichner zu unterstützen. Sie sollen diktieren, wohin Sebastian und Anna gehen. Währenddessen schreiben Sie die
      Stationen der Route mit den entsprechenden Präpositionen an die Tafel. Ordnen Sie die Präpositionen in drei Gruppen.
      Lösung: vgl. Hörtext und die Transkription im Anhang

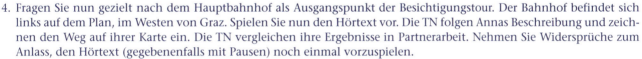

> *Wohin?*
>
> | *Präpositionen mit DATIV* | *Präpositionen mit AKKUSATIV* | *WECHSELPRÄPOSITION* |
> |---|---|---|
> | *vom Bahnhof geradeaus* | *die Kepplerstraße entlang* | *in den Kaiser-Franz-Josef-Kai* |
> | *bis zum Fluss* | *durch die Herrengasse* | *über den Schlossbergplatz* |
> | *zum Hauptplatz* | *um die Stadtpfarrkirche herum* | *in die Sackgasse* |
> | *am … vorbei* | *durch die Bürgergasse* | *in die Landhausgasse* |
> | *zur Oper* | *die Burggasse entlang* | |
> | *bis zur großen Kreuzung* | | |

6. Unterstreichen Sie die Präpositionen und lassen Sie die TN analysieren, welcher Kasus jeweils verlangt wird. Schreiben
   Sie erst dann die „Titel" über die Gruppen.

D 2   Focus   selegierendes Hörverständnis: Fragen zum Text beantworten

 1. Die TN lesen die Fragen im Buch. Klären Sie eventuelle Verständnisfragen („steil" sagt man in Österreich für „gut",
      „toll"). Die TN hören Annas Beschreibung noch einmal und machen sich Notizen zu den einzelnen Fragen. Geben Sie
      den TN dabei den Tipp, mehr auf den Inhalt zu achten als auf den Weg. Da die Namen der Sehenswürdigkeiten inzwi-
      schen schon oft gehört und gesprochen wurden, fällt diese Aufgabe leichter. Die TN sollen sich während des Hörens
      Notizen zu den Fragen machen.

 2. Die TN vergleichen ihre Notizen zunächst mit dem Nachbarn. Abschließend werden die Fragen noch einmal im Plenum
      besprochen.
      Lösung: **1** Damit die Touristen ihre Flüge und Züge verpassen und länger in Graz bleiben.; **2** Es ist schwer zum Tragen;
      3 Es ist ihr peinlich, als Touristin aufzufallen.; **4** an der Domfassade; für Anna heißt das: Sie folgt Sebastian zur Oper,
      obwohl ihr schon die Füße wehtun.; **5** im Operncafé

Arbeitsbuch 15: Präpositionen für Richtungsangaben Bildern zuordnen

D 3   Focus   Freie Anwendungsübung: Wegbeschreibung geben

        Material   OHP-Folie vom Stadtplan (vergrößert) auf KB-Seite 36; Kärtchen mit Zielen vorbereiten;

                Zusatzübung: Stadtplan einer deutschen Stadt oder im Inland vom Kursort

1. Als Vorbereitung sehen Sie sich gemeinsam mit den TN die Redemittel und Präpositionen an. Lassen Sie die TN die angefangenen Beispielsätze mit unterschiedlichen „Zielen" ergänzen. Verweisen Sie dabei noch einmal auf die indirekten Fragesätze.

2. Erläutern Sie den TN, dass sie jetzt Touristen bzw. Einheimische in Graz sind. Klären Sie den Standort auf der Karte, legen Sie dazu noch einmal die OHP-Folie des vergrößerten Stadtplans auf. Lesen Sie dann mit einem TN das Dialogbeispiel. Die TN verfolgen den Weg auf der Karte. Lenken Sie die Aufmerksamkeit der TN auf die Satzmelodie.

3. Die TN lesen den Dialog in Partnerarbeit. Dann variieren sie ihn, indem sie andere Ziele aus dem Kasten einsetzen, sich die Stationen der Wegbeschreibung notieren und dann den Dialog mithilfe ihrer Notizen durchführen.

4. Schreiben Sie die Vorgaben aus dem Kasten und u. U. weitere als Ziele auf Kärtchen, immer zwei Kärtchen haben das gleiche Ziel. Die Anzahl der Kärtchen ist abhängig von der Kursgröße. Verteilen Sie die Kärtchen, die TN mit dem gleichen Ziel bilden ein Paar. Ein TN ist „Tourist", der andere ist „Einheimischer", nur die „Einheimischen" benutzen den Stadtplan im Buch. Der „Tourist" fragt nun den „Einheimischen" nach der Wegbeschreibung zu seinem auf dem Kärtchen vermerkten Ziel. Der „Einheimische" erklärt ihm mithilfe des Plans den Weg, der „Tourist" macht sich Notizen dazu, geht dann zurück an seinen Platz und kontrolliert im Stadtplan nach, ob er die richtigen Informationen erhalten hat. Wenn der TN sein Ziel erreichen konnte, tauschen die beiden TN ihre Rollen: Der „Tourist" sucht sich nun ein neues Ziel und fragt den „Einheimischen" nach dem Weg. Wenn er sein Ziel nicht erreichen konnte, muss er noch einmal nachfragen. Jeder TN sollte möglichst je zweimal Tourist und Einheimischer gewesen sein, die Übung sollte jedoch nicht länger als 15 Minuten dauern. Besonders flinken TN geben Sie den Auftrag, sich einen Vorschlag für einen Rundgang durch Graz auszudenken, den sie im Anschluss der Gruppe vorstellen.

   Zusatzübung: Kopieren Sie den TN im Inland einen Stadtplan vom Kursort oder im Ausland den Stadtplan einer deutschen Stadt. Die TN arbeiten zu zweit und einigen sich auf einen Startpunkt: Ein Partner wählt ein Ziel aus, ohne es zu nennen, und beschreibt dem anderen den Weg dorthin. Der Zuhörer zeichnet den Weg in seinem Plan ein und nennt am Schluss die Stelle bzw. Sehenswürdigkeit, wo er sich befindet. Wenn diese mit dem Ziel des Partners übereinstimmt, wählt er ein Ziel aus und beschreibt den Weg dorthin.

   Weitere Aktivität: Spielen Sie mit der Gruppe das Spiel „Ein Schatz in dieser Stadt" (s. u.).

SPIEL

Ein Schatz in dieser Stadt

Teilen Sie jedem TN eine Kopie (DIN A4) des Kursort-Stadtplans aus. Geben Sie jedem TN folgende Hausaufgabe: Er soll einen allgemein bekannten Ort in der Stadt als Versteck für einen imaginären Schatz auswählen und den Weg von einem bestimmten Ausgangspunkt dorthin schriftlich beschreiben. Dabei muss er bestimmte von Ihnen vorgegebene und in D1 behandelte Orts- und Richtungsangaben verwenden, z. B. „bis, zu, am … vorbei … entlang". Auf jeden Fall sollte der genaue Ort des Schatzes nicht genannt werden. Lassen Sie nun in der Stunde einen TN den Ausgangspunkt nennen sowie seine Wegbeschreibung vorlesen und danach im Plenum einen Schatzsucher bestimmen, der das Versteck nennen soll. Schafft dieser das nicht, wählt TN 1 eben einen anderen. Derjenige, der den Schatz gefunden hat, darf nun seinen Ausgangspunkt nennen und seine Beschreibung vorlesen usw. Spielen Sie so lange weiter, bis jeder TN einmal seine Beschreibung vorgelesen hat – auch diejenigen, die keinen Schatz gefunden haben.

Variante: Die TN bringen „echte Schätze" (= kleine Geschenke) mit, die die erfolgreichen Sucher behalten dürfen.

D 4   Focus   Bedeutung von Straßennamen durch Wortbildungsmuster erschließen

1. Sehen Sie sich gemeinsam mit den TN die Straßenschilder im Buch an. Lassen Sie den Opernring suchen und fragen Sie, weshalb dieser so heißt. Schreiben Sie Oper + Ring = Opernring an die Tafel und erklären Sie, dass eine Ringstraße um eine Stadt oder einen Stadtteil führt. Bitten Sie die TN, auch die anderen Namen in ihre Bestandteile zu zerlegen und schreiben Sie diese an. Klären Sie im Gespräch die verschiedenen Bezüge der Straßennamen (Gebäude: Opernring; Funktion: Mehlplatz; Umgebung: Parkstraße; Region: Kärtner Straße; bekannte Personen: Humboldtstraße) und weisen Sie darauf hin, dass Straßen oft Gasse, Weg oder auch Platz heißen.

   Zusatzübung: Die TN sammeln noch weitere Straßennamen von dem Grazer Stadtplan oder – bei Unterricht im Inland – vom Kursort, zerlegen die Namen und versuchen, sie zu interpretieren.

2. Sprechen Sie über die Bildung und Funktion von Straßennamen in den Heimatländern der TN.

Arbeitsbuch 16–18: Grammatikwiederholung: Präpositionen für Richtungsangaben

16   Lückentext: Präpositionen für Wegbeschreibung durch Bern ergänzen, Vergleich mit Hörtext (Stillarbeit oder Hausaufgabe)

17   Freie Anwendungsübung: Wegbeschreibungen zu Bern geben (in Partnerarbeit spielen oder schriftlich als Hausaufgabe)

18   Den Schulweg beschreiben (in Partnerarbeit oder schriftlich als Hausaufgabe)

E   Schönes Wetter heute!
Übers Wetter reden
E 1   grüne, gelbe, rote und weiße Kärtchen und ein Plakat zum Beschriften
E 2   Wetterkarte aus einer aktuellen Tageszeitung *(Variante)*
E 3   zerschnittene Papierstreifen mit den Sprüchen und Bauernregeln von der KB-Seite 38

Arbeitsbuch 19–21 *(vor Kursbuch E1!)*: Wortschatzübungen zum Thema „Wetter"
19   Wortschatz zu verschiedenen Wetterphänomenen sortieren (im Kurs)
20   Buchstaben ordnen und Wörter richtig schreiben (im Kurs)
21   Von Nomen Adjektive mit „-ig" und „-isch" bilden (im Kurs)

E 1   Focus   Wetterphänomene den Jahreszeiten zuordnen; Wetterausdrücke mit „es"
       Material   grüne, gelbe, rote und weiße Kärtchen und ein Plakat zum Beschriften

1. Fragen Sie die TN: „Was für eine Jahreszeit ist jetzt?", „Wie ist das Wetter normalerweise?", „Und wie ist heute das Wetter?", „Wie ist die Temperatur?" Schreiben Sie ein paar Antwortsätze an die Tafel, z.B.:

Jetzt ist hier Sommer. Meistens scheint die Sonne und es ist warm.
Aber seit ein paar Tagen gibt es viel Regen. Auch heute regnet es. Es ist kalt und windig.

2. Machen Sie den TN die spezielle Ausdrucksweise im Deutschen bewusst, indem Sie sie bitten, das Subjekt zu suchen. Unterstreichen Sie auf Zuruf der TN das unpersönliche „es". Erläutern Sie, dass „es" bei Verben steht, die kein Subjekt haben, wie z.B. bei dem schon bekannten „es gibt" und bei Ausdrücken über das Wetter.
3. Wiederholen Sie mit den TN die Häufigkeitsadverbien: *nie, selten, manchmal, oft, immer.*
4. Bilden Sie Vierergruppen, verteilen Sie die bunten Kärtchen – jede Jahreszeit hat eine eigene Farbe (grün = Frühling, gelb = Sommer, rot = Herbst, weiß = Winter). Jede Gruppe soll sich überlegen, wie das Wetter normalerweise in den verschiedenen Jahreszeiten ist und Stichworte auf die jeweiligen Kärtchen schreiben. Bereiten Sie ein Plakat mit den verschiedenen Jahreszeiten vor, worauf die verschiedenen Kärtchen dann zusammengetragen und im Plenum gemeinsam betrachtet werden.

E 2   Focus   Freies Gespräch: Wetterbericht und Wetterkarte beschreiben
       Material   *Variante:* Wetterkarte aus einer aktuellen Tageszeitung

1. Sprechen Sie zunächst mit den TN über die Realie: „Was zeigen die Grafiken?" (Europakarte, 5-Tage-Vorhersage, Hessen-Karte, Deutschland-Karte), „Wo findet man solche Grafiken?" (Tageszeitung, hier: Fuldaer Zeitung mit Hessen-Karte). Die TN sollen sich zunächst auf die Deutschland-Karte konzentrieren. Lesen Sie dazu mit einem TN den Beispieldialog.
2. Wiederholen Sie die Formen der Adjektivsteigerung. Schreiben Sie „warm" und „am wärmsten" an die Tafel. Lassen Sie eine Lücke für den Komparativ, dessen Form die TN nennen sollen. Verfahren Sie ebenso mit anderen Adjektiven.
3. Die TN sprechen über das Wetter in den verschiedenen Regionen (auch in ihrer Region) bzw. Städten. In redefreudigen Gruppen können die Gespräche auch auf die anderen Karten (Europa-Karte) ausgeweitet werden.
   Variante (insbesondere für Kurse im Inland): Nehmen Sie den Wetterbericht einer aktuellen Tageszeitung und lassen Sie die TN das Wetter in den unterschiedlichen Regionen erläutern.

> **Internationale Kurse:** In internationalen Kursen ist es interessant, die Wetterzyklen der verschiedenen Länder miteinander vergleichen zu lassen. Die TN erstellen in nationalen bzw. regionalen Gruppen eine „typische" Wetterkarte zum Wetter in ihren Ländern bzw. Erdteilen (Höchst- und Tiefsttemperaturen, verschiedene Wetterphänomene) und präsentieren diese im Plenum.

Arbeitsbuch 22: Hörverständnis „Wetterbericht": r/f-Aussagen zuordnen

E 3   Focus   Aussagen und Sprüche über das Wetter verstehen, eigene Dialoge schreiben und spielen
       Material   zerschnittene Papierstreifen mit den Sprüchen und Bauernregeln von der KB-Seite 38

1. Sagen Sie bei geschlossenen Büchern „Was für ein Wetter!" oder „Das ist vielleicht ein Wetter heute." mit wechselnder Betonung und lassen Sie die TN raten, ob das Wetter gut oder schlecht ist. Fragen Sie die TN, bei welcher Gelegenheit sie über das Wetter sprechen bzw. in ihrem Land über das Wetter gesprochen wird. Die TN schlagen die Bücher auf und lesen die weiteren Aussagen im Buch. Klären Sie gegebenenfalls die Bedeutung der Aussagen, indem die TN das jeweilige Wetter beschreiben.

2. Die Partner suchen sich eine Aussage über das Wetter aus und erarbeiten zusammen einen Dialog, in dem die Aussage vorkommt. Regen Sie die TN dazu an, sich eine passende Situation oder einen passenden Ort dazu zu denken. Freiwillige tragen ihr „Gespräch übers Wetter" im Plenum vor.
3. Lesen Sie gemeinsam die Wettersprüche in der Fußleiste und klären Sie die Bedeutung im Gespräch durch Paraphrasen wie „Das Wetter kann man nicht vorhersagen." oder „Das Wetter ändert sich bestimmt."
   Variante: Jeder TN erhält die Hälfte eines der Sprüche aus der Fußzeile. Wenn sich die TN gefunden haben, erörtern sie zunächst zu zweit die Bedeutung ihres Spruchs und präsentieren und kommentieren ihn dann im Plenum.

Arbeitsbuch 23: Passende Wörter unterstreichen (Hausaufgabe)

F   Der Ton macht die Musik
Focus   Originallied hören und verstehen

1. Zeichnen Sie einen Wortigel zum Wort „Sommer" an die Tafel. Ermuntern Sie die TN, an die Tafel zu kommen und alle Wörter und Assoziationen anzuschreiben, die ihnen zu diesem Thema einfallen. Dabei geht es nicht um die Beschreibung der Wetterphänomene, sondern um individuelle Assoziationen. Wenn alle Ideen gesammelt sind, besprechen Sie diese und ergänzen, wo möglich, noch neuen Wortschatz aus dem Lied wie z.B. *braun werden, Sonnenbrand, Freibad, Schatten, Mücke, hitzefrei …*

2. Die TN hören das Lied und sammeln dabei weitere Assoziationen zu „Sommer", die sie verstehen. Ergänzen Sie danach den Wortigel an der Tafel.

3. Die TN schlagen nun die Bücher auf. Spielen Sie das Lied ein zweites Mal vor, die TN lesen leise mit und unterstreichen alles, was bis jetzt noch nicht zum Thema „Sommer" genannt und an der Tafel notiert wurde. Das Tafelbild wird noch einmal ergänzt.

4. Sprechen Sie kurz über das Problem des Sängers, der sich endlich wieder einmal einen „richtigen" Sommer wünscht: ein beliebtes Thema in Gesprächen über das Wetter in Deutschland. Fragen Sie die TN nach typischen „Wetterthemen" in ihren Ländern.

   Hinweis: Es gibt von diesem Lied (nach der bekannten Melodie des amerikanischen Folksongs „City of New Orleans") eine aktuellere Version der Gruppe *Creme 21*, die sehr viel schneller, aber leider auch schwerer verständlich ist.

Arbeitsbuch 24–27: Übungen zu den stimmlosen und stimmhaften Frikativen „w/f"
Für TN, die Schwierigkeiten mit der Unterscheidung von [b] und [v] haben (z.B. spanisch sprechende Lernende), eignen sich diese Übungen ebenfalls. Machen Sie auf den Unterschied bei der Lippenstellung zwischen den dentolabialen Frikativen [v] und [f] (Unterlippe an den oberen Zähnen) und dem bilabialen Verschlusslaut [b] (Lippen geschlossen und durch Druck „gesprengt") aufmerksam und ergänzen Sie die Übungswörter bei Bedarf um entsprechende Wörter mit [b]: Wald – bald, wilde Bilder, vier Bier, die Bar war wunderbar, der Wein war fein usw.

24   Die TN hören die verschiedenen lautlichen Realisierungen von [v] und [f], sprechen sie nach und unterstreichen jeweils den angegebenen Laut. Anschließend ergänzen sie die Regeln, die dann im Plenum besprochen werden.

25   Die TN wenden die Regeln an und markieren den Laut [f]. Sie vergleichen ihre Lösungen mit der CD und sprechen die Wörter mit [f] nach.

26   Sprechübung [v] und [f]; auf der CD werden die Anweisungen gegeben, wie man diese Laute Schritt für Schritt vom „a" ableiten kann. Spielen Sie die Ableitung von [v] und lassen Sie die TN im Buch mitlesen und nachsprechen. Machen Sie die Ableitung noch einmal vor und lassen Sie sie im Chor nachsprechen. Verfahren Sie ebenso mit dem Laut [f]. Die TN können dann in Partnerarbeit weiterüben, während Sie herumgehen und bei Schwierigkeiten individuell korrigieren.

27   Ermuntern Sie die TN, ein Gedicht oder einen Zungenbrecher einzuüben. Die Texte sollten mit unterschiedlicher Stimmung und Betonung sowie mit steigendem Tempo geübt werden. Sie haben währenddessen Zeit, einzelnen TN bei individuellen Schwierigkeiten zu helfen. Freiwillige tragen ihre Sprüche im Plenum vor. Zum Einstieg oder zum abschließenden Vergleich spielen Sie die CD vor.

   Lösung (Für Phonetik-Fans): …Wer wirklich viel von Phonetik versteht, versteht das phonetische Alphabet.

Cartoon	Focus	Über die Situation Vermutungen anstellen
	Material	Cartoon auf OHP-Folie kopieren;
		Zusatzübung: Kopien von Kopiervorlage 7/3 „Lesetext zu Lektion 7"

Die TN arbeiten bei geschlossenen Büchern. Zeigen Sie nur das erste Bild des Cartoons auf dem OHP. Lassen Sie die TN über die Situation und die Personen Vermutungen anstellen. Zeigen Sie dann die nächsten beiden Bilder und lassen Sie die TN über die mögliche Fortsetzung der Geschichte rätseln. Schließlich decken Sie das letzte Bild auf und zeigen so die Pointe der Geschichte.

Variante: Lassen Sie die TN den Cartoon im Buch versprachlichen und die Pointe erklären. Danach sollen die TN aus den Dialogen in den Sprechblasen ganze Sätze formulieren und die Repliken weiter ausschmücken.

Zusatzübung: Verteilen Sie die Kopien der Kopiervorlage 7/3: Leseverständnis zu „Wetterfühligkeit": (globales Lesen) Überschriften finden, (selegierendes Lesen) Multiple-Choice-Aufgaben, Schreibaufgaben (Stillarbeit oder Hausaufgabe).

G   Kurz & bündig

Diktate

Diktat

Es ist Sommer, alle Leute verreisen. Ich würde auch gern in eine fremde Stadt fahren oder vielleicht an die See. Man sollte es so machen wie die anderen. Viele reisen ans Meer und liegen den ganzen Tag am Strand, denn sie wollen braun werden. Aber manchmal werden sie nur rot und bekommen einen Sonnenbrand. Abends gehen sie in die Disco gegenüber vom Hotel und tanzen und trinken bis zum Morgen. Das Wichtigste für sie ist die Lage des Hotels zwischen Disco, Strand und Bar, denn sie möchten nicht zu weit laufen. Sie würden nie auf die Idee kommen, sich Land und Leute anzuschauen, denn das ist ihnen zu anstrengend. Andere dagegen machen Städtereisen. Sie gehen zu Fuß vom Bahnhof zum Hotel, auch wenn es ein ganzes Stück ist. Aber dann geht es erst richtig los. Sie laufen vom Hotel zum Aussichtsturm, von dort zur Kirche und dann zur Tourist Information. Da fragen Sie dann, ob es eine Vorstellung im Theater gibt, wie lange das Museum geöffnet ist und ob es ein Konzert gibt. Sie haben kaum Zeit, einen Kaffee zu trinken oder etwas zu essen. Erholung gibt es erst wieder, wenn sie zu Hause sind.

Vielleicht bleibe ich doch besser zu Hause und erhole mich, ohne viel Geld auszugeben.

Freies Diktat

TN ergänzen die Antworten.

Was würden Sie machen, wenn Sie ein Jahr Urlaub hätten?

_____

Eine Freundin möchte mit Ihnen ins Kino gehen. Sie haben dazu keine Lust und machen einen anderen Vorschlag. Was sagen Sie?

_____

Eine Freundin fragt Sie: „Bist du verliebt?" Sie wollen Zeit gewinnen. Wie beginnen Sie Ihre Antwort?

_____

Was sollte man sehen, wenn man in das Land reist, aus dem Sie kommen?

_____

Welche Unterkunft würden Sie einer Familie mit Kindern empfehlen?

_____

Sie sind einen Tag als Tourist in Ihrem Kursort. Was würden Sie tun?

_____

Wie fragen Sie nach dem Weg zum Bahnhof?

_____

Wissen Sie, wie man von hier zur Post kommt?

_____

Schreiben Sie einem Freund, wie das Wetter heute hier ist.

_____

Und wie wird das Wetter nächste Woche? Was meinen Sie?

_____

Lektion 8

A 1	Focus	Einstieg ins Thema „Service- und Beratungssituationen": über Fotos sprechen
	Material	OHP-Folie von Kopiervorlage 8/1 „Service/Beratung"

1. Zeigen Sie den TN die sechs Fotos (auf OHP-Folie). Deuten Sie auf Foto A und fragen Sie: „Wo sind die Leute?", „Was machen die Leute?" Helfen Sie den TN gegebenenfalls, indem Sie weitere Fragen zum Foto stellen. „Was sehen Sie im Hintergrund?"
   Wenn die TN den Ort richtig benennen, fragen Sie weiter: „Was meinen Sie, was sagen oder fragen die Leute?"
   Lassen Sie evtl. auch von zwei TN den Beispieldialog lesen.
2. Die TN arbeiten in Kleingruppen und sprechen über die anderen Fotos und überlegen sich, was die Leute sagen oder fragen könnten. Gehen Sie herum und helfen Sie den TN bei Problemen. Vergleich im Plenum.

A 2	Focus	globales Hörverständnis: Dialoganfänge den Fotos zuordnen	

1. Fragen Sie: „Welches Foto passt zu diesem Dialoganfang?" Spielen Sie den ersten Dialoganfang vor. Die TN markieren die Lösung. Lassen Sie bei unterschiedlichen Meinungen die TN erklären, warum das Foto passt.
2. Spielen Sie dann die anderen Dialoganfänge vor und lassen Sie den TN dazwischen genügend Zeit zum Markieren.
3. Vergleichen Sie gemeinsam die Lösungen.
Lösung: Dialog 1/C, Dialog 2/D, Dialog 3/A, Dialog 4/B

A 3   Focus   selegierendes Hörverständnis: richtige Antworten (= Zeichnungen) markieren (Multiple Choice)

 1. Schauen Sie sich gemeinsam mit den TN die drei Grundrisse der Wohnungen an. Fragen Sie, wo der Eingang der Wohnung ist. Lassen Sie die TN die Unterschiede der Wohnungseinteilungen kurz beschreiben. Spielen Sie den ersten Dialog vor und lassen Sie die TN die Lösung markieren. Erklären Sie den TN, dass sie sich immer die drei Möglichkeiten anschauen und sich dann beim Hören nur auf diesen einen Aspekt des Dialogs konzentrieren sollen. Spielen Sie dann die anderen Dialoge vor.

 2. Die TN kreuzen die Lösung zu jedem Dialog an und vergleichen ihre Ergebnisse in Partnerarbeit.

3. Die TN vergleichen ihre Lösungen im Plenum. Spielen Sie bei unterschiedlichen Lösungsvorschlägen noch einmal die entsprechende Stelle auf der CD/Kassette vor.

Lösung: Dialog 1/A, Dialog 2/A, Dialog 3/B

A 4   Focus   selegierendes Hörverständnis und Leseverständnis: Lücken im Meldeschein ergänzen
        Material   OHP-Folie von Meldeschein + Visitenkarte auf KB-Seite 42; Visitenkarte, Meldeschein

 1. Zeigen Sie den TN zuerst den Meldeschein und dann die Visitenkarte (auf OHP-Folie). Fragen Sie: „Was ist das?", „Wann muss man einen Meldeschein ausfüllen?", „Welche Angaben muss man machen?", „Welche Informationen findet man auf einer Visitenkarte?", „Wann braucht man eine Visitenkarte?" Fragen Sie weiter: „Welche Angaben fehlen auf dem Meldeschein?" (Vorname, Abreise, Staatsangehörigkeit, Zimmernummer, Preis).

2. Spielen Sie den vierten Dialog (mehrmals) vor und erklären Sie den TN, dass sie sich beim Hören auf die fehlenden Informationen konzentrieren sollen. Die TN ergänzen den Meldeschein. Vergleich in Partnerarbeit.

3. Fragen Sie: „Welche Informationen werden nicht im Dialog genannt?", „Wo kann man sie finden?" Die TN ergänzen Vornamen und Staatsangehörigkeit mithilfe der Visitenkarte.

4. Vergleich in Partnerarbeit, dann im Plenum.

Variante: Bringen Sie Ihre/eine Visitenkarte mit und fragen Sie: „Was ist das?", „Hat jemand eine Visitenkarte?", „Was steht normalerweise auf einer Visitenkarte?", „Wer braucht eine Visitenkarte?", „Warum?" Bringen Sie auch einen Meldeschein mit und fragen Sie, welche Informationen man in einem Hotel ergänzen muss. Verfahren Sie sonst wie oben beschrieben.

Lösung: Vorname: Emmanuel; Abreise: 21. 02. 2005 oder 4 Tage; Staatsangehörigkeit: französisch, Zimmernummer: 311; Preis: 65 Euro

A 5	Focus	Fragewörter sammeln zu den Situationen von A1, Frage und Antwort spielen, Dialog schreiben und spielen
	Material	Kopien der Kopiervorlage 8/2 „Fragewörter zuordnen"
		leere Karteikärtchen
		Kärtchen von Kopiervorlage 8/3 „Ein Alltagsgespräch führen"

1. Schreiben Sie die Situationen „Im Kaufhaus/Kleidung", „Beim Arzt", „Beim Makler", „Im Hotel", „In der Autowerkstatt" und „Bei der Farbberatung" an die Tafel. Fragen Sie: „Was kann man im Kaufhaus/beim Einkaufen fragen?" Schreiben Sie ein paar Fragewörter in die entsprechende Rubrik an die Tafel. Verteilen Sie Kopien der Kopiervorlage 8/2 „Fragewörter zuordnen".

2. Bilden Sie Vierer-Gruppen und lassen Sie jede Gruppe eine Situation wählen. Geben Sie jeder Gruppe mindestens 12 Karteikärtchen. Die Gruppen suchen auf der Kopiervorlage Fragewörter, die zu ihrer Situation passen und schreiben sie auf die Karteikärtchen. Gehen Sie herum und unterstützen Sie die TN dabei.

3. Die Gruppen mischen ihre Kärtchen, ein TN zieht ein Kärtchen, liest das Fragewort vor und stellt passend zur gewählten Situation eine Frage. Z. B. in der Gruppe „Im Kaufhaus/Kleidung" zieht ein TN die Frage: „Für welch-...?" und fragt: „Für welchen Anlass brauchen Sie das Kleid denn?" Ein anderer der Gruppe antwortet: „Für eine Hochzeit." Reihum ziehen die TN Kärtchen, stellen Fragen und antworten. Sammeln Sie die Kärtchen am Ende wieder ein und wiederholen Sie diese Übung bei Gelegenheit mit anderen Situationen.

4. Die TN schreiben mithilfe der gesammelten Fragewörter einen Dialog zu ihrer gewählten Situation. Gehen Sie herum, helfen Sie gegebenenfalls bei Problemen. Bessere TN können auch mehrere Dialoge verfassen. Die TN können auch nur ein Dialoggerüst gemeinsam erarbeiten und zu Hause einen Dialog erstellen.

5. Lassen Sie zu jeder Situation einen Dialog vorspielen.

Zusatzübung: Machen Sie so viele Kopien der Kopiervorlage 8/3 „Ein Alltagsgespräch führen" auf dickem Papier, damit Sie genügend Karten für alle TN haben, und schneiden Sie die Karten aus. Es sind drei verschiedene Prüfungen für je zwei TN. Erklären Sie den TN, dass sie in der Mündlichen Prüfung drei Fragekärtchen (zu einem Thema) ziehen müssen, eine Karte davon enthält nur ein Fragezeichen, sie ist also eine Jokerkarte, bei der man das Fragewort selbst bestimmen kann. Bilden Sie Vierer-Gruppen und verteilen Sie an jeweils zwei TN eine Variante, bestehend aus vier Kärtchen mit Fragewörtern und zwei Jokerkärtchen mit einem Fragezeichen. Jeder TN nimmt sich wie in der Prüfung drei Karten: zwei Fragekärtchen und eine Jokerkarte. Dann befragen sich zwei TN gegenseitig. Die anderen beiden hören zu und bewerten oder helfen. Dann werden die Rollen getauscht. Gehen Sie herum, hören Sie zu und helfen Sie gegebenenfalls bei Schwierigkeiten. Wenn die Gruppen mehr üben möchten, können Sie die Varianten austauschen, sodass jedes Paar alle drei/vier Varianten durchlaufen kann/hat.

A 6	Focus	selegierendes Hörverständnis: Ansagen hören und Lücken/Notizzettel ergänzen

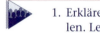

1. Erklären Sie den TN, dass Sie fünf Bandansagen hören und bestimmte Informationen auf den Notizzetteln ergänzen sollen. Lesen Sie mit den TN den ersten Notizzettel. Fragen Sie: „Worum geht es bei dieser Ansage?", „Welche Information soll ergänzt werden?"

2. Spielen Sie die erste Ansage vor. Die TN ergänzen die fehlende Information. Vergleich im Plenum.

3. Lesen Sie den zweiten Notizzettel, klären Sie das Thema und fragen Sie nach der fehlenden Information.

4. Die TN lesen immer zuerst die Notizzettel. Spielen Sie dann den TN die anderen Ansagen vor. Die TN schreiben ihre Lösungen auf und vergleichen erst in Partnerarbeit, dann im Plenum. Klären Sie Meinungsverschiedenheiten, indem Sie die entsprechenden Ansagen noch einmal vorspielen.

Lösung: **1**: 100 Euro mehr; **2**: nach 17 Uhr; **3**: Freitag, 12.30 Uhr; **4**: Telefonnummer 00 43-05 74-1 19 92; **5**: vor dem Kaufhof (am Haupteingang)

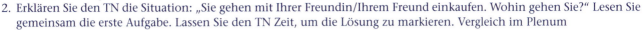

A 7 Focus   selegierendes Leseverständnis: Informationstafel lesen, richtiges Stockwerk markieren (Multiple Choice)
        Material OHP-Folie von der Informationstafel auf KB-Seite 44

1. Zeigen Sie den TN die Informationstafel (auf OHP-Folie). Fragen Sie die TN: „Was ist das?", „Wo findet man diese Infor-mationen?" Fragen Sie nach verschiedenen Dingen, z. B.: „Wissen Sie, wo es Teppiche gibt?", „Wo finde ich Zeitungen?"
2. Erklären Sie den TN die Situation: „Sie gehen mit Ihrer Freundin/Ihrem Freund einkaufen. Wohin gehen Sie?" Lesen Sie gemeinsam die erste Aufgabe. Lassen Sie den TN Zeit, um die Lösung zu markieren. Vergleich im Plenum

3. Die TN lesen die anderen Aufgaben und markieren die Lösungen. Vergleich in Partnerarbeit, dann im Plenum.
Lösung: 1b, 2c, 3a, 4b, 5a, 6c

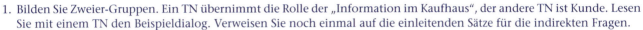

A 8 Focus   Auskunft im Kaufhaus spielen, indirekte Fragen benutzen
        Material OHP-Folie von der Informationstafel auf KB-Seite 44

1. Bilden Sie Zweier-Gruppen. Ein TN übernimmt die Rolle der „Information im Kaufhaus", der andere TN ist Kunde. Lesen Sie mit einem TN den Beispieldialog. Verweisen Sie noch einmal auf die einleitenden Sätze für die indirekten Fragen.
2. Sammeln Sie gemeinsam indirekte Fragen und wiederholen Sie gegebenenfalls die Satzstellung und wann man das Fragewort „ob" benutzt.
3. Die TN spielen Auskunft und benutzen die Informationstafel von A7. Gehen Sie herum, hören Sie zu und achten Sie darauf, dass die TN möglichst viele indirekte Fragen stellen. Helfen Sie, wenn es Probleme dabei gibt.
4. Lassen Sie jede Zweier-Gruppe mindestens einen Dialog vorspielen. Die anderen kontrollieren die Antworten mithilfe der Informationstafel (auf OHP-Folie).

B   Gut informiert!?

Informationen aus verschiedenen Medien

B 1   OHP-Folie von KB-Seite 45
B 6   Kopiervorlage 8/4 „Einen Artikel schreiben"
B 7   OHP-Folie von KB-Seite 48; verschiedene (deutschsprachige) Zeitungen

| **B 1** | Focus | Einstieg ins Thema Medien: Informationsquellen benennen/Situationen Informationsquellen zuordnen |
| | Material | OHP-Folie von KB-Seite 45 |

1. Zeigen Sie die Collage von KB-Seite 45 (auf OHP-Folie). Zeigen Sie auf Foto A und fragen Sie: „Wo ist das?", „Was sucht der Mann?", „Was bedeutet das ,i'?" Besprechen Sie so die ganze Collage.
2. Lesen Sie dann den ersten Satz: „Wo oder bei wem informieren Sie sich, wenn Sie wissen wollen, wie das Wetter wird?" Lassen Sie die TN erklären, warum Sie welches Medium bevorzugen. Lesen Sie evtl. mit einem TN den Beispieldialog.

3. Die TN arbeiten in Dreier- oder Vierer-Gruppen und lesen die anderen Aufgaben und notieren die Antworten.

4. Lassen Sie jede Gruppe eine „Wenn-Frage" im Plenum beantworten.

| B 2 | Focus | Hörverständnis: Aussagen bewerten und Lösung markieren (Multiple Choice) |

1. Erklären Sie den TN, dass sie nun sechs Informationen aus dem Radio hören sollen. Lesen Sie mit den TN die erste Aufgabe. Lassen Sie die TN die wichtigsten Wörter/Schlüsselwörter unterstreichen. Also *Wetter, Sonntag, sonnig, Regen, kühler*. Die TN konzentrieren sich dann nur auf diese Aussage.
2. Spielen Sie den ersten Radio-Mitschnitt vor und lassen Sie die TN ihre Lösung markieren. Spielen Sie bei unterschiedlichen Antworten den Text noch einmal vor. Verfahren Sie so mit den anderen Informationen aus dem Radio. Die TN markieren ihre Lösungen und vergleichen erst in Partnerarbeit, dann im Plenum.

Lösung: 1c; 2b; 3c; 4b; 5b; 6b

| B 3 | Focus | Vermutungen zu zwei Artikeln anstellen |

Lesen Sie mit den TN die beiden Überschriften und klären Sie gegebenenfalls unbekannten Wortschatz. Lassen Sie die TN vermuten, worum es in den Texten geht. Helfen Sie, wenn nötig, mit Nachfragen, z. B. „Wie alt ist ein Model?", „Warum sind Models meistens jung?", „Warum wird eine Urgroßmutter Model?", „Wofür könnte sie werben?" Oder bei der zweiten Überschrift: „Wer ist Nurdoch?", „Was will er?", „Wo will er eine Wohnung kaufen?" … Sammeln Sie die Vermutungen stichwortartig an der Tafel.

| B 4 | Focus | selegierendes Leseverständnis: richtig/falsch-Aussagen bewerten |

1. Lesen Sie mit den TN die erste Aussage. Fragen Sie: „Steht das so im Text?", „Ist die Aussage richtig oder falsch?" Lassen Sie den TN Zeit und verweisen Sie darauf, dass nur nach dieser Information gesucht werden soll, hier also die Jahreszahl 1996 (die nicht im Text steht!). Es gibt aber die Altersangabe: „die 96-jährige Urgroßmutter", Zeile 1. Zeigen Sie den TN gegebenenfalls bei der Auswertung, dass sie die Aussage und die Information im Text ganz genau vergleichen müssen. Die TN markieren ihre Lösung und vergleichen im Plenum.

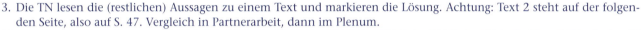

2. Lesen Sie mit den TN die zweite Aussage und evtl. noch weitere. Verfahren Sie sonst wie in Schritt 1.
3. Die TN lesen die (restlichen) Aussagen zu einem Text und markieren die Lösung. Achtung: Text 2 steht auf der folgenden Seite, also auf S. 47. Vergleich in Partnerarbeit, dann im Plenum.

Lösung: **Text 1**: Urgroßmutter wird Model: 1/falsch, 2/richtig, 3/richtig, 4/richtig, 5/richtig, 6/falsch **Text 2**: Nurdoch will teuerste Wohnung in Manhattan kaufen: 1/falsch, 2/richtig, 3/falsch, 4/falsch, 5/richtig, 6/richtig

1. Erklären Sie den TN, dass sie sich nun gegenseitig die Inhalte der Artikel erzählen sollen. Damit es leichter wird, sollen sie zunächst Stichwörter zu **ihrem** Artikel machen. Lassen Sie die TN den Lerntipp („Stichwörter/Notizen machen") lesen. Fragen Sie dann: „Wie macht man Notizen?" Lassen Sie die TN die drei Schritte erklären.

2. Setzen Sie mit den TN die ersten beiden Schritte des Lerntipps praktisch um, indem Sie mit den TN die ersten Sätze lesen, die wichtigsten Wörter unterstreichen und daraus eine Liste machen. Legen Sie ein Tafelbild an. Lesen Sie evtl. auch die ersten Sätze von Text 2 mit den TN gemeinsam und lassen Sie die Schlüsselwörter unterstreichen.

3. Die TN unterstreichen die wichtigsten Wörter in ihrem Text und fertigen eine Liste mit Stichwörtern an. Gehen Sie herum und helfen Sie bei auftauchenden Problemen.

4. Sammeln Sie die Stichwörter an der Tafel oder lassen Sie einzelne TN ihre Stichwörter anschreiben. Fragen Sie die TN, wie man die Stichwörter strukturieren kann. Helfen Sie, indem Sie auf das erste Stichwort an der Tafel zeigen und das Fragewort „Wer?" davor schreiben. Ergänzen Sie „Wer?" auch beim zweiten Text (siehe Tafelbild). Wenn die TN die Aufgabe verstanden haben, arbeiten sie zu zweit an ihren Stichwörtern. Gehen Sie herum und helfen Sie den TN. Vergleich im Plenum.

5. Jeweils ein TN, der Text 1 gelesen hat, arbeitet mit einem TN, der Text 2 gelesen hat, und erzählt mithilfe der strukturierten Stichwörter den Inhalt des Artikels. Lassen Sie Freiwillige die beiden Artikel im Plenum wiedergeben.

6. Fragen Sie die TN: „Haben Sie heute Zeitung gelesen oder Radio gehört?", „Was war interessant?", „Warum?" Lassen Sie die TN berichten.

	Text 1		Text 2
Wer?	Irene Sinclair	Wer?	Robert Nurdoch
Alter?	96-jährig	Was?	will teuerstes Appartement kaufen
Was?	wird Fotomodell	Wo?	in Manhatten
Wofür?	Schönheitsprodukte	Für wie viel?	für 44 Millionen Dollar
Warum?	Beweis: nicht nur Jugend ist schön	Problem?	Hausbesitzer noch nicht zugestimmt
Enkel?	vier, zwei Urenkel	Wohnung?	über drei Stockwerke
Wie?	Sinclair gelassen, viele Komplimente	Wie viele Zimmer?	20 Zimmer, 3 Bäder, 3 Balkone
Ihr Geheimnis	aktiv sein	Wie groß?	Küche 50 m²
Lieblings-beschäftigung	Musik, Theater, Reisen, Spaziergänge	Nebenkosten?	Nebenkosten 21 500 Dollar/Monat
		Ehefrau?/Wer?	Frau Daisy Nurdoch
		Wie?	findet Wohnung genau richtig, drei Hunde, genug Platz
		Kinder?	4 Kinder, gefällt Wohnung auch, werden Vater öfter besuchen

1. Lesen Sie mit den TN die Schlagzeilen und klären Sie evtl. unbekannten Wortschatz.

2. Sammeln Sie mit den TN noch einmal wichtige Fragewörter an der Tafel (Wer? Wo? Was? Wann? Warum? Wie lange? …). Die TN arbeiten in Kleingruppen und wählen eine Überschrift aus. Die Gruppen sammeln Ideen und schreiben dann einen kurzen Artikel. Gehen Sie herum und geben Sie evtl. Formulierungshilfen. Der Artikel kann auch als Hausaufgabe geschrieben werden.

3. Die TN lesen ihre Artikel im Plenum vor.
   Variante: Verteilen Sie Kopien der Kopiervorlage 8/4 „Einen Artikel schreiben". Die TN arbeiten in Kleingruppen und schreiben die passenden Überschriften zu den Satzanfängen. Dann schreiben sie mit den Vorgaben einen Artikel.

B 7 Focus   ein Interview durchführen
        Material   OHP-Folie von KB-Seite 48; verschiedene (deutschsprachige Zeitungen)

1. Zeigen Sie den TN den Fragebogen von KB-Seite 48 (auf OHP-Folie). Fragen Sie die TN: „Was ist das?" (Fragen, ein Fragebogen, ein Interview), „Zu welchem Thema werden Fragen gestellt?" (Zeitung, Fernsehen, Radio).
2. Lassen Sie die TN den Fragebogen ganz lesen und klären Sie gegebenenfalls unbekannten Wortschatz. Dann befragen sich die TN zu zweit und ergänzen die Antworten.
3. Die TN stellen in Kleingruppen ihren Interviewpartner (in ganzen Sätzen) vor: Pedro liest regelmäßig die xy-Zeitung, usw.
   Variante: Bringen Sie verschiedene deutschsprachige Zeitungen mit und lassen Sie die TN die Zeitungen untersuchen und vergleichen. Fragen Sie die TN, ob sie eine der Zeitungen kennen, welche Zeitung sie gut oder schlecht finden, welche Zeitung (auch muttersprachliche) sie lesen. Fragen Sie weiter: „Welche Rubriken/Teile gibt es in einer Zeitung normalerweise?" Sammeln Sie alles an der Tafel (Politik, Wirtschaft, Lokales, Sport, Wetterbericht, Fernsehprogramm, Anzeigen, Fotos, Kommentar, Feuilleton/Kultur). Bilden Sie Kleingruppen und geben Sie jeder Gruppe eine Zeitung. Schreiben Sie folgende Aufgaben an die Tafel.

> 1. Wie viele Seiten hat die Zeitung insgesamt?
> 2. Welche Rubriken gibt es (nicht)? Und wie viele Seiten hat jede Rubrik?
> 3. Wie lang sind die Artikel? Gibt es viele Fotos? Was für Fotos gibt es? Gefällt Ihnen die Zeitung optisch? Warum (nicht)?
> 4. Lesen Sie einen kleinen Artikel. Ist der Stil/die Sprache schwierig oder nicht?

Sie können den Artikel, den die TN lesen sollen, auch vorher festlegen, damit die TN sich nicht mit zu langen oder schweren Artikeln überfordern. Geben Sie den TN etwa 10–15 Minuten Zeit. Dann stellt jede Gruppe ihre Zeitung vor. Vergleich im Plenum.

<table>
<tr><td colspan="2">C   Gut vernetzt!</td></tr>
</table>

C   Gut vernetzt!

Anzeigen im Internet und Gespräche unter Nachbarn

C 2   OHP-Folie von C2, KB-Seite 49

C 7   Kopiervorlage 8/5 (A und B) „Etwas aushandeln"

C 1   Focus   Einstieg ins Thema Internet: Wortigel zum Thema Internet erstellen

1. Schreiben Sie das Wort Internet an die Tafel und kreisen Sie es ein. Fragen Sie: „Was kann man im Internet finden?" Und/Oder etwas persönlicher: „Was haben Sie schon im Internet gefunden?" Sammeln Sie alles, was den TN zum Thema einfällt, an der Tafel.

2. Die TN befragen sich zu zweit, wie sie das Internet nutzen. Geben Sie den TN ca. 5 Minuten Zeit. Evtl. Bericht in Kleingruppen.

C 2   Focus   selegierendes Leseverständnis: Situationen den Anzeigen zuordnen

         Material   OHP-Folie von C2, KB-Seite 49

1. Zeigen Sie den TN (auf OHP-Folie) die Anzeigen von KB-Seite 49. Fragen Sie: „Was ist das?" (Kleinanzeigen/Anzeigen), „Wo findet man solche Anzeigen?" (im Internet), „Woran erkennt man das?" (www.-Adresse, Optik).

2. Lesen Sie die erste Situation vor oder lassen Sie einen TN Situation 1 vorlesen. Fragen Sie: „In welcher Anzeige geht es um Wohnungen?" (c, e, f), „Welche Anzeige hilft Mark weiter?" (Anzeige e).

3. Die TN lesen die anderen Situationen und markieren die Lösungen, Vergleich in Partnerarbeit, dann im Plenum.

Lösung: 1/e, 2/b, 3/f, 4/a

C 3 Focus   einen Antwortbrief schreiben

1. Lassen Sie die TN den kleinen Aufgabentext lesen. Freiwillige erklären dann die Aufgabe im Plenum. Lesen Sie mit den TN noch einmal die Anzeige f von KB-Seite 49. Verweisen Sie darauf, dass die TN sich aus den vier Punkten nur drei aussuchen müssen und zu jedem Punkt ein bis zwei Sätze schreiben sollen. Wiederholen Sie gegebenenfalls die Formalien eines Briefes (Anrede, Gruß, Unterschrift).

2. Lassen Sie die TN zuerst zu jedem der gewählten drei Punkte Notizen machen. Jeder TN schreibt im Kurs oder zu Hause eine Antwort. Individuelle Korrektur durch KL. Lassen Sie einige Briefe im Plenum vorlesen.

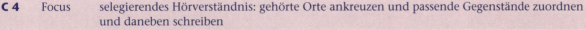

C 4 Focus   selegierendes Hörverständnis: gehörte Orte ankreuzen und passende Gegenstände zuordnen und daneben schreiben

1. Lesen Sie mit den TN die Aufgabe und die Vorgaben, also die Gegenstände und die Orte. Weisen Sie darauf hin, dass nicht alle Orte in dem Gespräch vorkommen.
2. Hören Sie den Anfang des Gesprächs und fragen Sie: „Wo sind die Hausschuhe?" Verfahren Sie so gegebenenfalls mit Nummer 11 (Puppe). Spielen Sie dann den Dialog (mehrmals) vor. Die TN markieren die Lösungen. Vergleich im Plenum. Bei unterschiedlichen Lösungen Vergleich mit der CD/Kassette.

Lösung. Hausschuhe/a, Puppe/c, Fernsehzeitung/d, Brille/e, tragbarer CD-Player/h

C 5 Focus   Hörverständnis: Notizen zu Personen machen, richtig/falsch-Aussagen bewerten

1. Die TN sollen zunächst ein Gespräch unter Nachbarinnen hören und Notizen zu den Personen machen, die sprechen oder genannt werden. Legen Sie eine Tabelle mit den Namen der Personen an der Tafel an.
2. Spielen Sie das Gespräch (mehrmals) vor. Die TN machen Notizen zu den vier Personen. Vergleich im Plenum. Ergänzen Sie an der Tafel die Angaben zu den Personen.

Frau Rotkohl	Frau Merkel	Frau Ruge	Herr Münster
neugierig	mag Kinder	neue Nachbarin	zieht aus
redet gern über andere	findet Schauspieler interessant	beim Fernsehen	nett, freundlich, hilfsbereit
erzählt viel		nicht geschieden	
will ein ruhiges Haus		kein Kind	
		keine Hunde	

3. Lassen Sie die erste Aussage lesen. Fragen Sie: „Ist das richtig oder falsch?" Lassen Sie die TN ihre Entscheidung begründen. Die TN lesen die anderen Aussagen und markieren richtig oder falsch. Vergleich im Plenum. Bei Meinungsverschiedenheiten Vergleich mit der CD/Kassette.

Lösung: 1/richtig, 2/falsch, 3/richtig, 4/richtig, 5/falsch, 6/richtig

Lektion 8

C 6   Focus   sich vorstellen und Fragen stellen

1. Lesen Sie mit den TN die Situation und die Vorgaben. Lassen Sie zu einigen Vorgaben die passenden Fragen stellen. Also zu Name: „Wie heißen Sie?" usw. Sammeln Sie diese evtl. an der Tafel.

2. Lassen Sie langsamere Lerner zuerst einen kleinen Text zu ihrer Person vorbereiten: „Ich heiße … Ich bin … alt. Ich komme aus … Ich wohne in …" usw.

3. Regen Sie die TN an, weitere Fragen zu ergänzen. Bilden Sie Vierer-Gruppen und lassen Sie die TN Dialoge mit den „neuen Nachbarn" schreiben. Gehen Sie herum, helfen Sie bei Problemen. Einige TN spielen ihre Dialoge im Plenum vor.

C 7   Focus   Vorschläge machen und einen Kompromiss finden
         Material   Kopien von Kopiervorlage 8/5 (A und B) „Etwas aushandeln"

1. Verteilen Sie Kopien der Kopiervorlage 8/5 „Etwas aushandeln", sodass die TN paarweise einen Kalender A und B haben. Fragen Sie: „Was ist das?" (Terminkalender mit Einträgen)

2. Geben Sie den TN Zeit, die Einträge zu lesen und klären Sie gegebenenfalls Unklarheiten.

3. Lassen Sie den kleinen Aufgabentext vorlesen. Spielen Sie mit einem guten TN zwei, drei Fragen durch, bis die Aufgabe verstanden ist. Erklären Sie den TN, dass das Ziel ist, einen Termin zu finden. Notfalls können sie auch etwas anderes absagen!

4. Die TN stellen sich Fragen und versuchen, einen Kompromiss zu schließen. Gehen Sie herum, hören Sie zu und helfen Sie bei möglichen Problemen.

5. Lassen Sie einige TN im Plenum ihre Fragen und ihr Ergebnis vorspielen.

Start Deutsch 2 Prüfung – Tangram aktuell – Modellsatz

Focus   Durchführung der Prüfung
Material   OHP-Folie der AB-Seite 103

1. Betrachten Sie gemeinsam mit den TN die Übersicht der Prüfung „Start Deutsch 2" auf der AB-Seite 103, damit die TN eine Vorstellung vom Umfang und den Teilen der Prüfung bekommen.
2. Wenn Sie genügend Zeit in Ihrem Kurs zur Verfügung haben, machen Sie mit den TN gemeinsam einen Durchgang des Modelltests. Besorgen Sie sich einen weiteren Test bei Ihrer Institution, um die Prüfung zu simulieren. Lesen Sie mit den TN die Aufgabe und das Beispiel (Hören Teil 1). Verweisen Sie auch auf den Zeitrahmen oben. Fragen Sie: „Wie kann man die Aufgabe am besten lösen?" Beziehen Sie die Tipps unten im Kasten mit ein. Lassen Sie die TN die Schlüsselwörter unterstreichen und spielen Sie dann die Ansagen vor.
3. Die TN markieren ihre Lösungen. Vergleich im Plenum. Jeder TN bewertet seine Lösungen oder die seines Nachbarn und zählt die erreichten Punkte zusammen.
4. Verfahren Sie so mit allen Prüfungsteilen. Versuchen Sie, die TN dazu zu bewegen, selbst Tipps zu geben, ansonsten lesen Sie die Tipps zu jedem Prüfungsteil gemeinsam. Achten Sie auf die vorgegebene Zeit.
5. Sammeln Sie die „Antwort auf die Einladung" (Schreiben Teil 2) zum Korrigieren ein und geben Sie den TN konkrete Hilfen, wie Sie sich bei diesem Teil verbessern können und was Sie üben sollten.
6. Simulieren Sie die mündliche Prüfung, indem Sie Gruppen von 4–5 TN bilden. Vergeben Sie Termine für die Prüfung. Die anderen TN dürfen zuhören oder sich in einem anderen Raum auf ihre mündliche Prüfung vorbereiten.

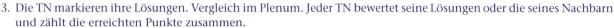

START DEUTSCH 2

Start Deutsch 2: prüfungsähnliche Aufgaben im Kursbuch

Hören Teil 1:	A6
Hören Teil 2:	B2
Hören Teil 3:	C4
Lesen Teil 1:	A7
Lesen Teil 2:	B4
Lesen Teil 3:	C2
Schreiben Teil 1:	A4
Schreiben Teil 2:	C3
Sprechen Teil 1:	C6
Sprechen Teil 2:	A5
Sprechen Teil 3:	C7

Hören Teil 1
Lösung: 1 Donnerstag nachmittags 14–17 Uhr, 2 einen grünen Regenschirm, 3 Rufnummer 60 12 87, 4 ins Kino/Jackie-Chan-Film sehen, 5 Preis: 459,– Euro

Hören Teil 2
Lösung: 6/b, 7/b, 8/a, 9/b, 10/a

Hören Teil 3
Lösung: 11/b, 12/c, 13/e, 14/f, 15/i

Lesen Teil 1
Lösung: 1/b; 2/c, 3/a, 4/b, 5/c

Lesen Teil 2
Lösung: 6 richtig, 7 richtig, 8 richtig, 9 richtig, 10 falsch

Lesen Teil 3
Lösung: 11f; 12d; 13e; 14X; 15g

Schreiben Teil 1
Lösung: (1) Am Kirchberg; (2) Schmidbauer; (3) Annalena; (4) nein; (5) 1. März

Schreiben Teil 2
Lösungsvorschlag:
Liebe Vivien,
vielen Dank für Deine Einladung. Ich komme gern. Kann ich bei Dir übernachten oder soll ich mir ein Hotelzimmer reservieren? Ich kann auch gern etwas mitbringen. Bitte gib mir Bescheid. Hast Du auch andere Schulfreunde eingeladen? Ich freue mich. Bis bald.
Liebe Grüße
Maria

1–6 **Lektion 5 B2**

1

Dialog 1

● Ruhländer.

■ Guten Tag, mein Name ist Kunze. Ich rufe wegen dem Reihenhaus an. Ist das noch frei?

● Ja, das ist noch frei. Was sind Sie denn von Beruf?

■ Äh, ja also, ich bin Studentin. Ich studiere …

● Und wie wollen Sie das bezahlen?

■ Na ja. Ich will mit anderen Studenten zusammen eine WG gründen. Wir jobben alle. Also das Geld ist kein …

▲ Was is 'n los?

● Der hat einfach aufgelegt. Der mag wohl keine WGs.

▲ Ich glaube, so ein spießiges Reihenhaus mit spießigen Nachbarn, das wäre sowieso nichts für uns. Ruf doch bei der nächsten Anzeige an.

2

Dialog 2

● Hoor und Partner Immobilien, Behrens. Guten Tag.

■ Guten Tag. Mein Name ist Kunze. Ich habe Ihre Anzeige in der Frankfurter Rundschau gelesen. Ist die Wohnung noch frei?

● Welche Wohnung meinen Sie denn? Wir hatten am Samstag viele Wohnungen in der Zeitung.

■ Ich meine die 6-Zimmer-Wohnung in Uni-Nähe.

● Augenblick … ja, die ist noch frei.

■ Ich habe da noch ein paar Fragen.

● Ja bitte. Fragen Sie.

■ Wie hoch sind denn die Nebenkosten?

● Das hängt von Ihrem Verbrauch ab. Sie zahlen monatlich eine Pauschale von 250 Euro. Und am Ende des Jahres wird dann abgerechnet.

■ Da steht Gäste-WC. Ist das nur eine Toilette oder ein zweites Badezimmer?

● Das ist nur eine Toilette.

■ Aha … Sie schreiben, WG möglich?

● Ja, das ist richtig. Wenn Sie genug verdienen, dann ist das kein Problem. Sie füllen eine Selbstauskunft aus und dann sehen wir weiter.

■ Ab wann ist die Wohnung denn frei?

● Ab nächsten Monat.

■ Ach, das ist ja toll. Wo ist denn die Wohnung?

● In der Robert-Mayer-Straße.

■ Ist das eine Altbauwohnung?

● Ja, aber neu renoviert, alles in sehr gutem Zustand.

■ Wann können wir uns die Wohnung denn mal ansehen?

● Augenblick. – Morgen um 11 Uhr habe ich einen Termin frei. Geht das bei Ihnen?

■ Ja, das ist okay. Wie ist die genaue Adresse bitte?

● Robert-Mayer-Straße 54, neben dem Copy-Shop. Unser Herr Schneider wartet auf Sie am Hauseingang.

■ Gut. Dann vielen Dank und bis Morgen.

● Auf Wiederhören. Und seien Sie bitte pünktlich!

▲ Das scheint ja was zu werden. Juhu!

■ Na warte erst mal, freu dich nicht zu früh.

3

Dialog 3

● Ruhländer.

■ Guten Tag, hier ist Schmittke. Ich interessiere mich für das Reihenhaus.

● Sind Sie Student? Eine WG will ich hier nämlich nicht

haben. Das ist eine ruhige Wohngegend. Hier wohnen nur anständige Leute.

■ Soso. Nein. Ich bin Ingenieur von Beruf.

● Na Gott sei Dank. Und … haben Sie Familie?

■ Ja, ich bin verheiratet und habe drei Kinder.

● Drei Kinder? Wie alt sind die denn?

■ Können wir uns die Wohnung mal anschauen?

● Ja, ähm …

■ Vielleicht heute Abend, so gegen acht?

● Um halb acht ist mir lieber.

■ Wie ist die Adresse?

● Ebersheimerstraße 17.

■ Ebersheimer 17. Und wie war der Name, bitte?

● Ruhländer.

■ Gut, Herr Ruhländer …

● Was war denn das?

■ … dann bis heute Abend.

4

Dialog 4

● Ebert.

■ Guten Tag. Mein Name ist Schröder. Ich interessiere mich für die 3-Zimmer-Wohnung in Fechenheim. Ist die noch frei? Kann ich mir die mal ansehen?

● Nein, tut mir leid, die ist schon weg.

■ Ach schade. Wiederhören.

● Auf Wiederhören

5

Dialog 5

■ Hoor und Partner Immobilien, Behrens. Guten Tag.

● Guten Tag. Mein Name ist Sundermann. Ich interessiere mich für die 3-Zimmer-Wohnung im Westend. Ist die noch frei?

■ Ja, aber es haben schon einige Interessenten angerufen.

● Ich würde mir die Wohnung am liebsten heute noch anschauen. Geht das?

■ Ja, so um 18 Uhr?

● Nein, ich habe bis circa 19.10 Uhr ein Meeting – auch im Westend, aber danach kann ich kommen. Wo ist denn die Wohnung?

■ In der Eppsteiner Straße.

● Ach, das ist ja fantastisch. Das schaffe ich in zehn Minuten, also sagen wir 19 Uhr in der Eppsteiner.

■ Gut, es ist die Hausnummer 23, klingeln Sie einfach im ersten Stock – ich bin schon oben, es kommen vorher noch einige andere Interessenten.

● Ja gut. Ist das eigentlich ein Altbau oder ein Neubau?

■ Altbau mit Stuck und alles top in Schuss.

● Ah ja. Dann bis heute Abend. Wiederhören.

■ Auf Wiederhören.

6

Dialog 6

● Ruhländer.

■ Guten Tag, Herr Ruhländer, mein Name ist Calderazzo. Ich habe Ihre Annonce in der Zeitung gelesen und interessiere mich für das Reihenhaus. Ist das schon weg?

● Nein, aber Sie sind nicht der erste Anrufer. Ich habe mich noch nicht entschieden. Was sind Sie von Beruf?

■ Ich bin Angestellter bei der Lufthansa und meine Frau arbeitet bei …

● Sie sind aber nicht aus Deutschland. Oder?

■ Nein. Ich komme aus Italien, aus Rom. Aber ich bin schon elf Jahre hier. Ich fühle mich schon fast wie ein Deutscher. Und meine Frau ist Deutsche.

- Hmhm … Haben Sie Kinder oder Haustiere?
- Wir haben eine Tochter. Vera ist zwei. Aber wir haben keine Haustiere, wir sind ruhige, problemlose Mieter.
- Ah ja?
- Ja … Können wir uns das Haus ansehen?
- Ja, heute Abend um halb acht.
- Gut, wenn Sie mir dann bitte noch die Adresse geben.
- Ebersheimerstraße 17.
- Ach, das ist ja ganz in der Nähe vom Hessischen Rundfunk.
- Ja, genau. Kennen Sie sich hier aus?
- Ja, ich habe mal im Marbachweg gewohnt, bevor ich meine Frau kennengelernt habe.

 Lektion 5   C

 Lektion 6   A3 (und A4)

Moderatorin: Hallo liebe Hörerinnen und Hörer! Herzlich willkommen zu unserer Sendereihe „Lebenswege" hier bei uns im Deutschlandradio. Wie an jedem Montagabend geht es auch heute wieder um Menschen, die einen besonderen Lebensweg gegangen sind. Als Gast bei uns im Studio begrüße ich Philipp Möller. Hallo! Schön, dass Sie gekommen sind, Herr Möller.

Möller: Hallo!

Moderatorin: Herr Möller, Sie sind Münchner, leben aber jetzt seit einigen Jahren als Fotograf in Neuseeland. Sie sind viel in der Welt herumgekommen. Vielleicht erzählen Sie unseren Hörern, wie das alles begonnen hat.

Möller: Ja, also … 1950 wurde ich in München geboren. Mein Vater war Schauspieler, meine Mutter Krankenschwester. Ich bin ins Internat gegangen. Meine Eltern wollten, dass ich das Abitur mache, aber nach neun Jahren Gymnasium war mir das zu viel Theorie. Und ich hab' mich entschlossen, die Welt kennenzulernen, Erfahrungen zu machen, in ferne Länder zu reisen. Für fremde Kulturen habe ich mich schon immer interessiert.

Moderatorin: Heißt das, Sie haben kein Abitur gemacht?

Möller: Ja genau. 1969, so etwa zwei Monate vorm Abitur hab' ich das Internat verlassen und bin nach Marokko, in die Türkei und in den Iran gereist.

Moderatorin: Ja, und wie ging's dann weiter danach? Sie haben also nach der Schule diese Reisen gemacht. Und wie war das dann mit Ausbildung oder Studium?

Möller: Also, im Internat hatte ich viele interessante Leute kennengelernt. Da gab es auch Kontakte zur Münchner Künstlerszene. Und als ich dann nach München kam, hatte ich dort bereits einen interessanten Bekanntenkreis. Ich hab' mir da erst mal eine Wohngemeinschaft gesucht und hab' dann angefangen, als Kamera-Assistent zu arbeiten. Das muss so 1970 gewesen sein.

Moderatorin: Heute arbeiten Sie als Fotograf. Wie ist es dazu gekommen?

Möller: Also, ich hab' schon als Kind sehr viel fotografiert. Es gibt sogar ein Bild, wo ich als Vierjähriger schon mit 'ner Kamera dastehe. Nach meinen anfänglichen Ausflügen in die Bereiche Film und Video bin ich dann wieder zur Fotografie zurückgekehrt und habe 1973 eine zweieinhalbjährige Fotoassistenz in einem Münchner Werbestudio gemacht. Ja, und danach hab' ich mein eigenes Studio aufgemacht, das hatte ich neun Jahre. Und das lief so gut, dass ich mir in diesen neun Jahren Reisen nach Mexiko und Guatemala und durch ganz Europa leisten konnte. Das besondere Ziel aber war Indien.

Moderatorin: Warum gerade Indien?

Möller: Ich hatte mal einen Dia-Vortrag über Indien gesehen, vor allem auch über Tibet. Das hat mich tief bewegt. Und so entstand der Plan, da auch einmal hinzugehen, und das hab' ich dann auch tatsächlich gemacht. Zwischen 1978 und 1984 war ich insgesamt fast drei Jahre in Indien und Nepal, da war ich auch als Autor tätig, in dieser Zeit sind drei Bücher entstanden.

Moderatorin: Was für Bücher sind das?

Möller: Das sind zwei Fotobände über Indien, über Menschen hauptsächlich. Im dritten Buch hab' ich indische Heilige fotografiert und interviewt, also journalistisch gearbeitet.

Moderatorin: Und wie ging's weiter? Was kam nach den Indien-Büchern?

Möller: Das hatte eigentlich noch mit Indien zu tun. Das Goethe-Institut hat sich für meine Indien-Arbeiten interessiert, das war so 1983. Die haben mich dann beauftragt, Ausstellungen mit meinen Bildern zu machen und Foto-Seminare mit indischen Künstlern zu leiten. Das war in Delhi, Kalkutta und Bombay. Später bin ich dann für das Goethe-Institut nach Australien und Neuseeland gereist. Auf einer dieser Seminarreisen nach Neuseeland hat man mir einen sehr guten Job an einer Kunsthochschule in Auckland angeboten, als Lehrer für Fotografie, und da bin ich dann 1989 hingegangen – erst mal eigentlich nur für ein Jahr, aber daraus wurden dann fünf Jahre. Jetzt ist Australien also sozusagen meine Wahlheimat.

Moderatorin: Ja, Sie haben noch gar nichts von Ihrem Privatleben erzählt.

Möller: Also, ich bin verheiratet mit einer Neuseeländerin, seit 1993. Das ist meine zweite Ehe. Ich war vorher schon mal verheiratet – von 1976 bis 1985. Und aus dieser ersten Ehe hab' ich auch eine Tochter. Alice ist 1977 geboren und lebt heute in München.

Moderatorin: Wie kann das funktionieren? Ich stell' mir das sehr schwierig vor für Ihre Frau. Sie sind ja sehr viel unterwegs.

Möller: Das ist auch ungewöhnlich und ja, schwierig für eine Beziehung. Aber meine Frau hat sehr viel Verständnis, weil sie auch sehr gern reist.

Moderatorin: Wie sieht's heute aus? Was machen Sie heute?

Möller: Also, ich lebe die meiste Zeit des Jahres in Neuseeland, ich fotografiere und schreibe für Buchverlage und Zeitschriftenverlage, aber auch sehr viel für das Goethe-Institut. Mein Schwerpunkt sind eigentlich Deutschmaterialien fürs Ausland. Und für die Realisierung der Projekte fahre ich dann für ein paar Monate im Jahr nach Deutschland – immer im Sommer!

Moderatorin: Das kann ich gut verstehen, ja das hört sich alles wirklich spannend an. Ich wünsche Ihnen weiterhin viel Glück und Erfolg, Herr Möller, und bedanke mich ganz herzlich für das Gespräch.

Lektion 6   C1

 10–11 Lektion 6   C4 (und C5)

10

Sprecher: Wir haben nun viel Theoretisches darüber gehört, wie Erinnerungen zustande kommen und wie Menschen mit ihren Erinnerungen umgehen. Dazu möchte ich Ihnen, meine Damen und Herren, einige Auszüge aus Interviews vorspielen, die ich gemacht habe. Tina erzählt:

Tina: Immer, wenn mir der Duft von Apfelstrudel in die Nase steigt, passiert etwas Merkwürdiges: Ich fühle mich entspannt, geborgen und sicher – ganz egal, wo ich gerade bin und was ich gerade mache. Dieser Duft erinnert mich an die Zeit, als ich noch ganz klein war und wir noch in Zeilitzheim wohnten. Sonntags haben wir nach dem Mittagessen immer einen Spaziergang gemacht. Wenn wir dann nach Hause kamen, duftete es meistens schon im ganzen Haus. Meine Oma hatte frischen Kaffee gekocht und ihren köstlichen Apfelstrudel gebacken. Wir haben dann den warmen Kuchen gegessen und mein Vater hat Geschichten von früher erzählt. Das waren Momente voller Glück.

11

Sprecher: Christian spricht über seine Schulzeit:

Christian: An die Zeit, als ich so 14, 15 war, kann ich mich eigentlich kaum noch erinnern. Das liegt vielleicht auch daran, dass wir ständig umgezogen sind. Damals wohnten wir in Hannover und ich ging aufs Gymnasium. Wenn ich manchmal so an die Schulzeit denke, habe ich gar keine Gesichter mehr vor Augen. Keine Ahnung, was aus den anderen geworden ist. Ich hab' sie irgendwann aus den Augen verloren. Nur an ein Gesicht kann ich mich erinnern: Elke. Die sehe ich heute noch genau vor mir mit ihren roten Haaren. Schon als ich das erste Mal in die Klasse kam, hatt' ich mich in sie verliebt. Das war schrecklich. Immer, wenn sie mich ansprach, wurde ich rot und konnte kein Wort mehr sagen. Sie war irgendwie sehr reif für ihr Alter. Auf einer Klassenparty hat sie mal mit mir getanzt. Meine Güte, war das aufregend! Das werde ich nie vergessen.

Sprecher: Meine Damen und Herren, diese Beispiele zeigen, welche Faktoren dafür wichtig sind, dass wir uns erinnern und wie wir uns erinnern. Tinas Erinnerung ist fest verbunden …

 Lektion 6   D

Lektion 7   B2

Hier spricht der automatische Anrufbeantworter des Leipzig Tourist Service, Zimmervermittlung. Sie rufen außerhalb unserer Service-Zeiten an. Wir kümmern uns gern um Ihre Wünsche. Wenn Sie uns Ihren Wunsch und Ihre Telefonnummer hinterlassen, rufen wir so bald wie möglich zurück.

1

Guten Tag, mein Name ist Uschi Mai. Ich komme mit drei Freundinnen nach Leipzig. Wir möchten eine Woche bleiben, aber wir haben nicht viel Geld. Dafür sind wir auch nicht anspruchsvoll. Hauptsache, die Unterkunft ist zentral und wir können alles zu Fuß erreichen. Danke! Ach so, meine Nummer ist 0 30/47 53 29.

2

Mein Name ist Ritenschneider. Sie haben doch sicher auch in Leipzig ein Hotel für gehobene Ansprüche? Ich suche ein Zimmer für zwei Nächte. Das Hotel sollte zentral sein und Komfort bieten. Geld spielt keine Rolle. Rufen Sie mich bitte zwischen 10 und 12 Uhr zurück unter 0 66 41/35 23.

3

Sibylle Schneider, guten Tag. Ich bin im nächsten Monat drei Tage beruflich in Leipzig, zur Modemesse. Ich brauche eine ruhige Unterkunft, nicht zu weit vom Messegelände. Saunamöglichkeit wäre auch gut. Können Sie mir etwas empfehlen? Sie erreichen mich unter 01 71/23 09 77.

4

Ja, hallo? Hallo? Wer ist denn da?

5

Edelmann, 02 11/88 53 67. Ich möchte mit meiner Frau und unseren beiden Kindern ein Wochenende in Leipzig verbringen. Es soll nicht allzu teuer werden, aber zwei Doppelzimmer mit Bad brauchen wir. Und mitten in der Stadt sollte es sein.

 Lektion 7   B4

● Leipzig Tourist Service, Zimmervermittlung, Ebert, guten Tag.
■ Guten Tag, mein Name ist Renker. Ich brauche am kommenden Wochenende ein Zimmer in Leipzig.
● Doppelzimmer oder Einzelzimmer?
■ Ein Doppelzimmer, bitte.
● Können Sie mir sagen, wann Sie ankommen? Freitag oder Samstag?
■ Am Freitagnachmittag.
● Wissen Sie schon, wie lange Sie bleiben möchten?
■ Bis Sonntag. Also zwei Nächte.
● Möchten Sie Vollpension oder Halbpension? Oder nur Übernachtung mit Frühstück?
■ Nur Frühstück, bitte.
▲ Schatz, gibt's da auch 'n Pool?
■ Weiß ich doch nicht.
▲ Dann frag' doch mal.
■ Meine Frau fragt gerade, ob es auch Hotels mit Swimmingpool gibt.
● Natürlich, wie ist denn Ihre Preisvorstellung?
▲ … oder mit Sauna …
■ Wie bitte?
● Ich wollte wissen, wie teuer das Hotel sein darf.
■ Hm, so bis 100 Euro pro Nacht.
● Ist die Lage wichtig?
▲ Dann muss er aber Pool und Sauna haben!
■ Jetzt sei doch mal ruhig. Entschuldigung, wie war die Frage?
● Ich habe gefragt, ob das Hotel im Zentrum liegen soll.
■ Ja, möglichst zentral. Aber nicht so laut. Und ich brauche eine Parkmöglichkeit.
● Einen Moment, bitte. Ich bin nicht sicher, ob wir so kurzfristig noch ein passendes Zimmer finden … Also im Zentrum, das wird schwierig.
■ Und etwas außerhalb? Es ist nicht so wichtig, wo das Hotel liegt. Wir haben ja den Wagen dabei.
● Ja, da habe ich noch etwas frei, im Hotel Accento.
■ Bitte sagen Sie mir doch noch, wie ich zum Hotel komme.
● Kein Problem. Wir schicken Ihnen die Buchungsunterlagen zu. Da ist dann auch ein Stadtplan dabei …

15
1

● So, ich mache Schluss für heute. Sag' mal, Uli, was machst du denn am Wochenende?
■ Was ich am Wochenende mache → ... Ich weiß noch nicht genau. Vielleicht gehe ich schwimmen, oder wir fahren nach Lauterbach und besuchen die Schwiegereltern.

16
2

● ... und dann hat er gesagt, ich soll regelmäßig Sport machen. Spielst du eigentlich Volleyball?
■ Ob ich Volleyball spiele? ↗
● Ja ...
■ Also früher habe ich mal regelmäßig jede Woche gespielt, bei einem Verein, aber in den letzten Jahren eigentlich nicht mehr. Wieso fragst du?

17
3

● Guten Abend. Was möchten Sie trinken?
■ Was ich trinken möchte ↘ ... ja ... ein Bier ... nein, lieber einen Rotwein, bitte.
● Einen Rotwein, sehr wohl. Möchten Sie auch etwas essen? Soll ich die Karte bringen?

18
4

● ... Ah, guten Morgen, Herr Schneider.
■ Guten Morgen.
● Na, zurück von der Dienstreise? ... Und? ... Wie finden Sie Leipzig?
■ Wie ich Leipzig finde? ↗
● Ja ... Sie waren doch in Leipzig, oder?
■ Nein, ich war in Berlin. Die Konferenz war ziemlich anstrengend und von der Stadt haben wir nicht viel gesehen – leider.

19
5

● ... da haben wir wirklich Glück gehabt, es ist ja nicht so leicht, was Passendes zu finden. Sag mal, kannst du mir beim Umzug helfen?
■ Ob ich dir beim Umzug helfen kann → ... Das kommt darauf an. Wann soll das denn sein? Gibt's schon einen Termin?

20
6

● ... und Ihr Gewicht, das ist natürlich auch ein Problem. Haben Sie schon einmal eine Diät gemacht?
■ Ob ich schon mal eine Diät gemacht habe ↘ ... Ja, vor zwei Jahren habe ich mal eine Kartoffeldiät gemacht und früher mal Trennkost.

Nach drei Stunden mit dem Zug kommen Sebastian und ich endlich in Graz an, und weil wir so lange gesessen haben, ist ein Spaziergang genau das Richtige. Vom Hauptbahnhof gehen wir immer geradeaus die Keplerstraße entlang bis zum Fluss und dann über die Keplerbrücke. Hinter der Brücke biegen wir rechts in den Kaiser-Franz-Josef-Kai ein. Vor uns liegt der Schlossberg, und der ist so hoch, dass wir uns plötzlich ganz müde fühlen. Aber wir möchten gern rauf! Gott sei Dank gibt es die Schlossbergbahn, mit der kommen wir ganz ohne

Anstrengung nach oben. Von hier hat man einen super Blick über die Dächer von Graz. Und hier steht auch das Wahrzeichen der Stadt: der Uhrturm von 1712. Der Uhrturm hat den Stundenzeiger und den Minutenzeiger vertauscht. Ich glaube, er hat das getan, damit die Touristen ihre Züge verpassen und länger in Graz bleiben. Wir gehen weiter, den Kriegssteig hinunter und über den Schlossbergplatz bis zur Sackstraße. Hier kann man Antiquitäten kaufen. Schade, das alte Bild mit dem dicken Goldrand ist zu schwer zum Tragen. Wir kommen zum Hauptplatz, dem Zentrum von Graz. Sebastian bewundert die alten Häuser, und ich finde es toll, dass hier keine Autos fahren. Wir gehen weiter geradeaus durch die Herrengasse, hier würde ich gern länger bleiben, denn hier sind jede Menge Geschäfte. Sebastian findet Geschäfte aber langweilig, er will weiter. Das Rathaus finden wir schnell, aber wo ist der Landhaushof? „Entschuldigung, können Sie uns sagen, wo der Landhaushof ist?“ Peinlich, so als Touristen aufzufallen. Aber wir haben Glück, die Graz-Information ist gleich hier an der Ecke. Und das Schönste: Wir sind schon im Landhaus. In den Innenhof kommt man heute allerdings nur von der Schmiedgasse aus, der Eingang von der Herrengasse aus ist gesperrt. Also: links in die Landhausgasse, erste wieder links, das ist die Schmiedgasse, und schon sind wir im Landhaushof. Schnell ein Foto gemacht, und weiter geht's die Schmiedgasse runter, links in die Hans-Sachs-Gasse, einmal um die Stadtpfarrkirche herum, am Tummelplatz vorbei und dann links in die Bürgergasse zum Grazer Dom. An der Domfassade finden wir einen weisen Spruch: „Nicht mein Wille – der Deine geschehe!“ Ich folge also Sebastian weiter, obwohl mir langsam die Füße wehtun. Sebastian will nämlich unbedingt noch zur Oper. Wir gehen die Burggasse entlang bis zur großen Kreuzung, überqueren den Opernring und sind am Ziel. Im Operncafé können wir uns endlich ausruhen und uns mit Kaffee und Kuchen stärken.

23
Dialog 1

● So, Frau Jansen, da sind wir. Bitte schön, nach Ihnen.
■ Danke schön.
● Fangen wir am besten mit der Küche an, die ist gleich hier rechts, eine schöne helle Wohnküche mit allem drum und dran. Die Einbauküche ist ...

24
Dialog 2

▲ Guten Tag, können Sie mir bitte helfen?
● Ja, natürlich. Was suchen Sie denn?
▲ Ich bin zu einer Hochzeit eingeladen und brauche ein passendes Kleid.

25
Dialog 3

■ Der Nächste bitte.
● Guten Tag, Frau Doktor.
■ Guten Tag, Frau Langfeld, hallo Steffie. Was kann ich für Sie tun?

26
Dialog 4

● Guten Tag, was kann ich für Sie tun?
▲ Haben Sie noch ein Einzelzimmer frei?
● Für wie lange möchten Sie das Zimmer?

27
Dialog 1
- ● So, Frau Jansen, da sind wir. Bitte schön, nach Ihnen.
- ■ Danke schön.
- ● Fangen wir am besten mit der Küche an, die ist gleich hier rechts, eine schöne helle Wohnküche mit allem drum und dran. Die Einbauküche ist erst ein Jahr alt und in einem Top-Zustand, wie Sie sehen.
- ■ Ja, sehr schön, eine Wohnküche habe ich mir schon immer gewünscht. So eine Küche hat doch immer was Gemütliches.
- ● Wenn Sie mir bitte folgen, hier entlang. Hier ist das Bad.
- ■ Gibt es eigentlich auch ein Gäste-WC?
- ● Nein, das gibt es meistens nur bei größeren Wohnungen.
- ■ Ah, so.
- ● Hier ist das kleinere Zimmer, es eignet sich gut als Schlafzimmer. Und gleich nebenan ist das Wohnzimmer, 26 Quadratmeter. Und da ist auch der Balkon.
- ■ Ja, die Wohnung gefällt mir ganz gut. Aber ich hätte da noch ein paar Fragen: Gibt es einen Parkplatz?
- ● Es gibt eine Tiefgarage, die kostet aber extra.
- ■ Ja, natürlich und wie viel?
- ● 70 Euro im Monat.
- ■ Hmh … Also ich würde die Wohnung gern nehmen.
- ● Ja, dann rufen Sie mich doch nächste Woche an. Bis dahin haben wir mit allen Interessenten gesprochen. Da kann ich Ihnen dann mehr sagen.
- ■ Ja gut. Vielen Dank und ich rufe Sie dann nächste Woche an.

28
Dialog 2
- ■ Guten Tag, können Sie mir bitte helfen?
- ● Ja, natürlich. Was suchen Sie denn?
- ■ Ich bin zu einer Hochzeit eingeladen und brauche ein passendes Kleid.
- ● Haben Sie an eine bestimmte Farbe gedacht? Oder ein bestimmtes Modell?
- ■ Ja, ich weiß nicht so genau, vielleicht ein dunkelblaues oder ein dunkelrotes Kleid?
- ● Welche Größe haben Sie?
- ■ Größe 40.
- ● Gut, dann schauen wir doch mal hier drüben. Wie finden Sie denn hier dieses dunkelblaue Kleid?
- ■ Nein, das ist mir zu kurz, das gefällt mir nicht.
- ● Und das hier?
- ■ Das Modell gefällt mir gut, aber ich weiß nicht, ob mir Beige steht. Haben Sie das auch noch in anderen Farben da?
- ● Ja, aber nur noch in Schwarz … Probieren Sie doch mal das beige Kleid.
- ■ Ja, okay … Beige steht mir besser als ich dachte. Ja, und was kostet das?
- ● Es ist eine ganz besonders gute Qualität … 180 Euro.
- ■ Oh, das ist ein stolzer Preis.
- ● Aber es steht Ihnen wirklich ausgezeichnet. Und Sie können es auch ins Theater oder in die Oper anziehen.
- ■ Also gut, ich nehme es.
- ● Sie werden es bestimmt nicht bereuen.

29
Dialog 3
- ■ Der Nächste bitte.
- ● Guten Tag, Frau Doktor.
- ■ Guten Tag, Frau Langfeld, hallo Steffie. Was kann ich für Sie tun?

- ● Steffie ist gestern vom Fahrrad gefallen und seitdem tut ihr der Arm weh.
- ■ Hmh. Na, Steffi dann zeig mir mal deinen Arm. Wo tut es dir denn weh?
- ▲ Hier an der Hand. Aua.
- ■ Also es ist besser, wenn wir den Arm röntgen. Komm mal mit … Ja, wie ich vermutet habe, der Arm ist gebrochen. Jetzt machen wir dir einen schönen Gipsverband, das tut überhaupt nicht weh.
- ▲ Aber dann kann ich doch gar nicht mehr schreiben. Was mach ich denn da mit meinen Hausaufgaben?
- ■ Da schreiben wir dir eine Entschuldigung, das geht jetzt nicht. Der Arm braucht Ruhe.
- ▲ Und wie lange darf ich nicht schreiben?
- ■ Na, so drei Wochen.
- ▲ Super!
- ● Vielen Dank Frau Doktor. Auf Wiedersehen.
- ▲ Tschüss.
- ■ Auf Wiedersehen.

Dialog 4
- ● Guten Tag, was kann ich für Sie tun?
- ■ Haben Sie noch ein Einzelzimmer frei?
- ● Für wie lange möchten Sie das Zimmer?
- ■ Für vier Tage.
- ● Moment. Ja, das geht.
- ■ Und was kostet das?
- ● 65 Euro pro Nacht mit Frühstück.
- ■ Gut, das nehme ich.
- ● Fein. Füllen Sie bitte noch den Meldeschein aus.
- ■ Ja, natürlich.
- ● Danke. Und hier ist Ihr Schlüssel. Zimmer 311, im dritten Stock. Der Aufzug ist da hinten, gleich neben der Treppe. Der Frühstücksraum ist im ersten Stock. Angenehmen Aufenthalt, Herr Bonnet.

31
1
Guten Tag, Frau Lehnhardt, hier ist Kohlhoff, leider gibt es ein Problem bei der Reparatur Ihres Wagens: Wir müssen noch ein Teil an der Bremse erneuern. Das sind dann so 100 Euro mehr als vereinbart. Rufen Sie uns doch bitte zurück. Danke. Wiederhören.

32
2
Guten Tag Frau Bohn, hier Klausen. Wir hatten für morgen 15 Uhr einen Termin zur Wohnungsbesichtigung ausgemacht, leider kann ich erst nach 17 Uhr. Rufen Sie mich doch bitte umgehend zurück. Vielen Dank.

33
3
Hier Praxis Dr. Falke, Abel am Apparat. Guten Tag Herr Holle. Es geht um den Termin heute 15.30. Wir haben einen Notfall, deshalb sagen wir alle Termine für heute Nachmittag ab. Können Sie am Freitag um 12.30? Sagen Sie doch bitte kurz Bescheid. Vielen Dank. Auf Wiederhören.

34
4
Hotel Annabella, guten Tag Herr Silberstein. Vielen Dank für Ihr Fax, leider sind die beiden Zimmer 14 und 15 belegt. Wir

hätten aber noch zwei andere sehr schöne Doppelzimmer zum gleichen Preis frei. Wir bitten um kurzen Rückruf unter der Nummer 00 43/05 74/1 19 92. Vielen Dank.

35

5

Hallo Sonja, hier ist Klara. Du, wir wollten doch um vier zusammen nach einem Kleid für dich schauen. Ich schaffe es nicht mehr, dich abzuholen. Können wir uns vielleicht direkt am Kaufhof vor dem Haupteingang treffen? Danke. Bis dann.

36–41 Lektion 8 B2

36

1

... wurde auf dem Ostfriedhof beigesetzt. Und jetzt noch das Wetter: Heute noch sonnig und warm bei Temperaturen zwischen 20 und 24 Grad, am Sonntag Abkühlung auf 16–18 Grad. Weitere Aussichten: regnerisch und für die Jahreszeit zu kühl.

37

2

Achtung ein Reiseruf für Familie Alberti, unterwegs nach Italien in einem grünen VW Passat mit dem Kennzeichen: HB – FD 122. Bitte rufen Sie umgehend Familie Maurer an. Familie Alberti, bitte melden Sie sich bei Familie Maurer. Sie können auch hier beim Sender anrufen.
So und jetzt noch einmal Musik. Ich darf mich schon für heute von Ihnen verabschieden. Dann bis zum nächsten Mal. Danke fürs Zuhören. Ihr Franz Franke. Danke.

38

3

Es ist Sonntag elf Uhr. Hallo und herzlich willkommen zu unserer „Sprechstunde für junge Leute". Unser heutiges Thema heißt „Allein sein – einsam sein?" Wir haben ein paar junge Leute ins Studio eingeladen, die Erfahrungen mit Einsamkeit gemacht haben und bereit sind, darüber zu berichten. Wer sich an unserer Sendung beteiligen möchte, der kann unter folgender Telefonnummer anrufen: 0 89/23 23 44. Noch einmal zum Mitschreiben: 0 89/23 23 44 ...

39

4

So. Ich hoffe, Sie haben die Stadt erkannt. Wer bei unserem Gewinnspiel mitmachen möchte, kann uns unter der Rufnummer 2 71-77 81 29 erreichen. Es gibt wie immer 250 Euro für die richtige Lösung. Für eine Reise in die gesuchte Stadt reicht das wohl nicht, aber für ein schönes Essen beim Italiener mit der ganzen Familie reicht es bestimmt. Machen Sie mit, rufen Sie uns jetzt an.

40

5

● So, haben wir jemanden in der Leitung? Hallo, hier ist Hans Westermann, wer ist am Apparat?
■ Hallo?
● Wir sind auf Sendung. Wie ist Ihr Name bitte?
■ Kessler, Hannelore Kessler aus Marburg.
● Ich grüße Sie Frau Kessler. Haben Sie die Stadt in unserem Städtequiz erkannt?
■ Ja, das war Rom.
● Das ist richtig. Ich gratuliere Ihnen zu 250 Euro. Bleiben Sie bitte am Apparat wegen der Adresse.

41

6

Achtung eine Durchsage für die Autofahrer. Wegen des Rosenmontagszuges ist die Innenstadt von Köln heute weiträumig gesperrt. Bitte benutzen Sie öffentliche Verkehrsmittel. Parkplätze finden Sie am Stadtrand und an den Autobahnausfahrten im „Park & Ride"-System. Vielen Dank. Wir wünschen allen einen schönen Karneval und gute Fahrt.

42 Lektion 8 C4

Herr Klinger:	Schatz, weißt du, wo meine Hausschuhe sind?
Frau Klinger:	Nein, ... schau doch mal im Badezimmer.
Herr Klinger:	Ja, da sind sie. Danke.
Tochter:	Mami, Mami.
Frau Klinger:	Ja, was ist denn?
Tochter:	Mami, ich finde meine Lisa nicht.
Frau Klinger:	Oh, da müssen wir aber suchen. Hm, ... vielleicht liegt sie unter dem Sofa?
Tochter:	Nein, da ist sie nicht ... Papa hast du meine Lisa gesehen?
Herr Klinger:	Die ist bestimmt noch im Spielsachen-Karton. Schau doch mal in deinem Zimmer in dem großen Karton nach. Da haben wir alles eingepackt.
Tochter:	Ja, da ist meine Puppe. Super!
Herr Klinger:	Liebling, wo hast du denn die Fernsehzeitung hingelegt?
Frau Klinger:	Auf den Couchtisch. Ist sie da nicht mehr?
Herr Klinger:	Ach, ja. Ich seh' sie. Danke ... Wo ist denn schon wieder diese blöde Brille? ... Ich geh mal kurz zum Auto, ich hab meine Brille im Auto vergessen.
Frau Klinger:	Hm, ja.
Herr Klinger:	Heute Abend gibt es einen schönen Film, den sollten wir uns unbedingt anschauen.
Frau Klinger:	Wie bitte?
Herr Klinger:	Erzähl' ich dir später!
Frau Klinger:	Hans ... Hans. Weißt du vielleicht, wo unser tragbarer CD-Player ist?
Herr Klinger:	Vielleicht ist der noch im Hobbyraum. Da habe ich ihn zuletzt gesehen.
Frau Klinger:	Nein, da ist er ganz sicher nicht, da war ich schon ... Alex, hast du unseren tragbaren CD-Player gesehen?
Sohn:	Nein, wieso? ... Ach doch, da fällt mir gerade ein ... vor zwei Wochen hatte Michi seinen Geburtstag gefeiert und da hat er mich gefragt, ob ich ihm einen CD-Player leihen kann ... Und da hab ich ihm den CD-Player gegeben ... Das hatte ich ganz vergessen.
Frau Klinger:	Was? Ohne mich zu fragen?
Sohn:	Ja, tut mir leid. Aber ich dachte, du hast bestimmt nichts dagegen. Wir haben doch noch unsere große Stereoanlage.
Frau Klinger:	Also ... Aber du kümmerst dich darum, ja? Und beim nächsten Mal fragst du mich bitte, bevor du irgendwas verleihst!
Sohn:	Ja, ja, versprochen.

43 Lektion 8 C5

● Guten Morgen, Frau Merkel. Haben Sie schon gehört ...?
■ Guten Morgen. Was denn? Nein.
● Herr Münster zieht aus. Und wir kriegen eine neue Nachbarin.

■ Was Sie nicht sagen. Das ist aber sehr schade. Herr Münster war doch so ein netter Nachbar. Und immer freundlich und hilfsbereit.

● Ja, schade.

■ Und die Neue? Was wissen Sie denn über sie?

● Die soll geschieden sein und ein Kind haben.

■ Ach, das ist doch nicht schlecht, dann kommt endlich mal Leben ins Haus.

● Ja, aber der Dreck und der Lärm. Kinder sind doch immer mit anderen Kindern zusammen. Eins allein geht ja noch, aber viele … Wir sind doch so ein ruhiges Haus.

■ Na, dann schauen wir doch erst mal.

● Und die soll beim Fernsehen sein. Schauspielerin oder so. Da haben wir dann bestimmt dauernd die Presse vor der Haustür. Wie schrecklich.

■ Eine Schauspielerin? Das ist aber interessant! Sie machen mich ja ganz neugierig.

● Und Hunde soll Sie auch haben, das hat mir Frau Klein erzählt.

■ Aber Hunde sind doch gar nicht erlaubt. Das kann ich mir nicht vorstellen.

▲ Guten Tag, ich heiße Ruge, Nina Ruge. Ich bin Ihre neue Nachbarin.

■ Ach, Frau Ruge, guten Tag. Das freut mich. Ich heiße Merkel. Ich seh' Ihre Sendung ja immer. Ganz toll.

▲ Danke schön.

● Guten Tag. Ich heiße Rotkohl, Annemarie Rotkohl. Und wo ist Ihre Tochter?

▲ Wie bitte?

● Und die Hunde?

▲ Ich verstehe nicht. Welche Hunde?

● Ach, … schon gut. Wir freuen uns ja alle so, dass Sie jetzt hier in unserem Haus wohnen.

▲ Ja, dann will ich mal. Wiedersehen.

● Wiedersehen.

1–2 Lektion 5 Übung 9

1
- ● Und dann habe ich da noch eine hübsche kleine Wohnung im Norden von Frankfurt.
- ■ Hmm. Wie hoch ist die Miete?
- ● Recht günstig. 490 Euro im Monat. Plus Nebenkosten natürlich.
- ■ 490 Euro. Hm … Wie hoch sind die Nebenkosten?
- ■ 150 Euro pauschal. Da gibt es dann aber auch keine Nachzahlungen.
- ● Wie viele Zimmer hat die Wohnung?
- ■ Zwei Zimmer, Bad und Kochnische – aber sehr großzügig geschnitten …
- ● Wie ist die Adresse?
- ■ Am Fliederbusch 5, in Karben. Eine sehr ruhige Gegend.
- ● Und dann kommt ja noch einiges dazu … Wie hoch ist die Kaution?
- ■ Wie üblich – drei Monatsmieten.
- ● Aha. Und dann noch … Wie hoch sind die Maklergebühren?
- ■ Eineinhalb Monatsmieten.
- ● Nun ja, es ist halt dringend. Ab wann ist die Wohnung frei?
- ■ Ab sofort. Wenn Sie ernsthaft interessiert sind, können wir gleich einen Besichtigungstermin vereinbaren.

2
- ● Nehmen Sie doch bitte Platz … Die Wohnung gefällt Ihnen also? Ich hätte da noch ein paar Fragen …
- ■ Fragen Sie nur …
- ● Man möchte doch schließlich wissen, wer ins Haus kommt. Was sind Sie von Beruf, Frau Reindl?
- ■ Kellnerin. Im Hotel „Vier Jahreszeiten".
- ● Wie viel verdienen Sie monatlich?
- ■ 1300 Euro netto im Monat. Und dann kommt natürlich noch das Trinkgeld dazu.
- ● Ja ja. Haben Sie Kinder?
- ■ Ja, eine Tochter. Maja ist jetzt acht, sie geht also schon in die Schule.
- ● Aha. Und wie viele Personen wollen einziehen?
- ■ Zwei, meine Tochter und ich.
- ● Hmm … Sind Sie verheiratet?
- ■ Nein, ich bin geschieden.
- ● Ah ja. Für drei wäre die Wohnung ja auch etwas klein. Haben Sie Haustiere?
- ■ Ja, eine Katze. Aber die ist sehr ruhig … und sauber.
- ● Hmm ja, ja … Spielen Sie ein Musikinstrument?
- ■ Ja, ein bisschen Klavier. Aber das ist kein Problem, dafür habe ich sowieso kaum Zeit, und wenn, dann halte ich mich natürlich an die Ruhezeiten.

3 Lektion 5 Übung 12

4 Lektion 5 Übung 13

5 Lektion 5 Übung 14

6 Lektion 5 Übung 16

7 Lektion 5 Übung 20 Lösungsschlüssel

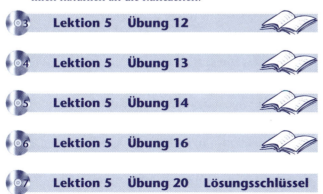

8 Lektion 5 Übung 21 (und 22)

Moderatorin: Hallo und herzlich willkommen zu unserer „Sprechstunde für junge Leute". Unser heutiges Thema heißt „Allein sein – einsam sein?". Wir haben ein paar junge Leute ins Studio eingeladen, die Erfahrungen mit Einsamkeit gemacht haben und bereit sind, darüber zu berichten. Wer sich an unserer Sendung beteiligen möchte, der kann unter folgender Telefonnummer anrufen: 0 89/23 23 44. Noch einmal zum Mitschreiben: 0 89/23 23 44 … Einsamkeit verbindet man meist mit älteren Menschen, die den Partner verloren haben oder deren Kinder aus dem Haus gegangen sind. Aber auch junge Leute können unter Einsamkeit leiden … Kathrin, fängst du mal an und berichtest über deine Erfahrungen?

Kathrin: Ja, also … bei mir war das so: Ich hab' vor drei Monaten angefangen, in München zu studieren. Ich wohne hier zum ersten Mal allein, über 300 Kilometer weit weg von meinen Eltern, meinen Freundinnen und Freunden. Am Anfang war ich froh, von zu Hause weggegangen zu sein. Ich wollte ja lernen, selbstständig zu leben. Aber dann … abends und vor allem am Wochenende habe ich überhaupt nicht gewusst, wohin mit mir, was tun … Ich habe dann meistens von neun Uhr abends bis Mitternacht telefoniert, da hatte ich Telefonrechungen von über 200 Euro … Ich glaube, da war ich richtig einsam, das war eine schlimme Zeit …

Moderatorin: Und wie war das an der Uni? Da hat man doch immer die Möglichkeit, neue Leute kennenzulernen?

Kathrin: Na ja, da sind natürlich viele Leute, aber man findet ja nicht alle interessant. Und mit Kontakten hab' ich halt so meine Probleme. Mir fällt es total schwer, auf Leute zuzugehen. Das war schon immer so, schon in der Schule. Immer hatte ich Angst, mich aufzudrängen oder andere zu stören … Ich bin wohl ein schüchterner Typ … Na ja, … im Grunde suche ich ja auch keine neuen Freunde. Das Problem ist, dass ich nicht an die alten herankomme.

Moderatorin: Heißt das, du möchtest dein Studium in München aufgeben und zurück nach Hause gehen?

Kathrin: Nein, … natürlich nicht … Ich mache jetzt ein Referat in einer Gruppe, da sind zwei Mädels dabei, die ich sehr nett finde. Vielleicht wird ja was draus, … vielleicht ist die schlimmste Zeit ja jetzt vorbei … Ich habe jedenfalls fest vor, hier zu bleiben und mein Studium zu beenden.

Moderatorin: Hm … Jaa Karin, wie war das denn bei dir?

Karin: Bei mir war es die Arbeit im Ausland. Ich bin Biologin und meine Firma hat mir einen Traumjob angeboten, in meiner Traumstadt Amsterdam. Da habe ich natürlich sofort Ja gesagt. Ich war superglücklich, nach Amsterdam gehen zu können. Aber dann kam langsam die Ernüchterung. Mein größtes Problem war die Sprache: Ich konnte kein Wort Niederländisch. Es war sehr anstrengend, neben dem

Beruf auch noch eine neue Sprache lernen zu müssen! Und es dauert ganz schön lange, bis man sich halbwegs verständigen kann! Ursprünglich sollte ich nur drei Monate bleiben, aber dann haben sie mich überredet, den Arbeitsvertrag auf zwei Jahre zu verlängern. Ja, … da gab es dann auch den ersten richtigen Ehekrach: Mein Mann hatte keine Lust mehr, jedes Wochenende zwischen Amsterdam und Hamburg hin- und herzufahren – drei Monate waren okay, aber kein Tag länger. Ein paar Wochen lang ist er einfach nicht gekommen und wollte mich auch nicht sehen. Da war ich dann abends und am Wochenende allein – da habe ich mich wirklich einsam gefühlt. Gott sei Dank hat mein Mann dann irgendwann seinen Streik beendet und meine Entscheidung akzeptiert. Wahrscheinlich hat er sich auch einsam gefühlt.

Moderatorin: Hattest du denn in Amsterdam keine netten Kolleginnen und Kollegen, mit denen du mal ausgehen oder Kaffee trinken konntest?

Karin: Doch, doch. Aber … es ist nicht so leicht, in einer fremden Stadt Freunde zu finden, besonders wenn man weiß, dass man nach zwei Jahren wieder geht. Die Leute bei mir im Büro hatten nach der Arbeit nie Zeit – die hatten immer andere Verabredungen. Kein Wunder – die hatten natürlich ihren festen Freundeskreis.

Moderatorin: Würdest du denn die gleiche Entscheidung noch einmal treffen und ins Ausland gehen, obwohl du weißt, wie viele Probleme da auf dich zukommen?

Karin: Ja, auf jeden Fall. Ich bin heute sehr froh, diese Erfahrung gemacht zu haben. Dadurch bin ich viel selbstsicherer geworden. Ich weiß jetzt, dass ich auch mit schwierigen Situationen fertig werden kann.

Moderatorin: Inge, kommen wir zu dir. Welche Erfahrungen mit Einsamkeit hast du gemacht?

Inge: Ich bin das erste Mal seit acht Jahren allein. Ich hatte immer feste Beziehungen und mit meinem Freund hatte ich mehrere Jahre zusammengewohnt. Es war für mich ganz normal, immer mit einem Partner zusammen zu sein und alles gemeinsam zu machen. Aber dann haben wir uns einfach nicht mehr verstanden. Da bin ich irgendwann ausgezogen. Zuerst habe ich mich frei und gut gefühlt, aber dann bin ich in ein tiefes Loch gefallen: „O Gott, was mach ich denn jetzt?" Ich habe nach der Trennung aufgehört, mich zu verabreden oder auszugehen – die meisten Freunde waren ja gemeinsame Freunde und die wollte ich irgendwie nicht sehen. Damals war ich sehr einsam, es ging mir wirklich dreckig … Inzwischen komme ich gut allein klar, aber das hat ein halbes Jahr gedauert.

Moderatorin: Und wie hast du das geschafft?

Inge: Erst mal habe ich mir eine WG gesucht, damit ich wieder unter Leute komme. Es war ganz schön schwierig, eine passende WG zu finden, aber ich hab' Glück gehabt – ich fühle mich jetzt sehr wohl da. Es ist einfach toll, nach Hause zu kommen und immer jemand zum Reden zu haben … Dann habe ich versucht, neue Leute kennenzulernen. Ich bin jeden Abend ausgegangen, immer in dieselben Knei-

pen und Cafés, da lernt man automatisch Leute kennen. Außerdem spiele ich sehr gern Tischfußball, das ist sehr kommunikativ – da geht man zu den Leuten hin und sagt einfach: Kann ich mal mitspielen? Es ist halt wichtig, auf andere zuzugehen, dranzubleiben, selbst zu investieren.

Moderatorin: Das war ein schönes Schlusswort für unsere erste Runde … Ja, liebe Hörerinnen und Hörer, wenn Sie jetzt Fragen an unsere Studiogäste haben oder von Ihren eigenen Erfahrungen erzählen möchten, rufen Sie uns an: 0 89/ 23 23 44. Aber bevor es weitergeht, erst mal ein paar Takte Musik.

Lektion 5 Übung 24

● Guten Tag, liebe Hörerinnen und Hörer, herzlich willkommen zu unserer Gesprächsrunde „Wo der Schuh drückt". Hier ist schon unser erster Gesprächspartner am Telefon. Hallo, guten Tag. Was ist Ihr Problem? Wo drückt Sie der Schuh?

■ Ich habe vor umzuziehen.

● Aha. Sie haben vor umzuziehen. Das ist doch ganz normal. Und was ist das Problem?

■ Ich versuche seit einem Jahr, ein neue Wohnung zu finden.

● Sie versuchen seit einem Jahr, eine neue Wohnung zu finden? Ein Jahr – das ist eine lange Zeit.

■ Es kann doch nicht normal sein, so lange suchen zu müssen.

● Sie meinen, es kann nicht normal sein, so lange suchen zu müssen? Nun ja … was haben Sie denn gemacht?

■ Zuerst habe ich angefangen, die Wohnungsanzeigen zu lesen.

● Zuerst haben Sie angefangen, die Wohnungsanzeigen zu lesen. Ja und? Da gibt es doch viele Angebote.

■ Dann habe ich versucht, anzurufen und Besichtigungstermine zu vereinbaren.

● Dann haben Sie versucht, anzurufen und Besichtigungstermine zu vereinbaren. Und das hat nicht geklappt?

■ Es war sehr schwierig, Termine zu bekommen.

● Es war sehr schwierig, Termine zu bekommen? Gut, schwierig vielleicht, aber doch wohl nicht völlig unmöglich, oder? Haben Sie es denn mal mit einem Makler probiert?

■ Ich habe drei Makler gebeten, mir eine passende Wohnung zu besorgen.

● Sie haben drei Makler gebeten, Ihnen eine passende Wohnung zu besorgen? Na, da haben Sie doch bestimmt ein paar Angebote erhalten, oder?

■ Es war mir richtig peinlich, die Makler gefragt zu haben.

● Es war Ihnen richtig peinlich, die Makler gefragt zu haben? Wieso denn?

■ Ich habe geglaubt, Provision und Kaution bezahlen zu können.

● Sie haben geglaubt, Provision und Kaution bezahlen zu können … und dann hatten Sie doch nicht genug Geld … Ja, und was jetzt?

■ Ich höre einfach auf, eine neue Wohnung zu suchen.

● Sie hören auf, eine neue Wohnung zu suchen?

■ Ich habe keine Lust mehr, mit unfreundlichen Vermietern und Maklern zu telefonieren.

● Sie haben keine Lust mehr, mit unfreundlichen Vermietern und Maklern zu telefonieren – gut, das kann man ja verstehen, nach solchen Erfahrungen …

■ Ich muss einfach lernen, mit meiner Wohnung zufrieden zu sein.

- Sie müssen lernen, mit Ihrer Wohnung zufrieden zu sein ... Ja, wenn Sie das können ... Vielen Dank erst einmal für Ihren Bericht. Vielleicht hat ja auch eine unserer Hörerinnen und Hörer noch einen Tipp für Sie. Rufen Sie uns an unter 0-1-3-8/60 00, wenn Sie eine Idee haben, wie ...

🔟 Lektion 5   Übung 26

1
- Rolfs Wohnung gefällt mir nicht – alles ist so kalt und leer.
- Was? Wenig Möbel, viel Platz, kühle Farben – das ist doch gerade das Interessante.

2
- Kaufen Sie Ihre Kleidung spontan oder planen Sie Ihre Einkäufe genau?
- Meistens ganz spontan, wenn ich etwas Schönes sehe.

3
- Alles Gute für deinen Umzug am Wochenende.
- Danke. Ich bin froh, wenn alles vorbei ist.

4
- Was ist das denn?
- Ich weiß auch nicht so genau, aber ich habe so was Ähnliches schon mal bei MöbelFun gesehen. Ich glaube, das ist ein Bücherregal.

5
- Und? Habt ihr in der Stadt was Passendes gefunden?
- Nein, entweder war es die falsche Farbe oder die falsche Größe.

6
- Wie ist denn die neue Wohnung von Sabine?
- Ach, na ja. Wenn du mich fragst, nichts Besonderes. Das Übliche halt.

7
- Hast du schon gehört? Vera hat einen neuen Freund.
- Ja, das ist doch nichts Neues. Das weiß ich schon lange.

8
- Wolltest du mir gestern nicht noch was erzählen?
- Ich weiß nicht mehr – das war sicher nichts Wichtiges.

1️⃣1️⃣ Lektion 6   Übung 13

Sie haben Ihren ersten Termin beim Psychologen und beantworten seine Fragen.
- Es ist gut, dass Sie zu mir gekommen sind. Um Ihnen helfen zu können, muss ich möglichst viel von Ihnen wissen. Sie haben mir ja erzählt, dass Sie manchmal diese Angstzustände haben. In welchen Situationen haben Sie denn Angst?
- Manchmal, wenn ich nachts allein bin.
- Manchmal, wenn Sie nachts alleine sind? Interessant. Können Sie sich erinnern, wann Sie das erste Mal diese Angst hatten?
- Mit drei Jahren, als ich nachts aufgewacht bin und meine Eltern nicht da waren.
- Als Sie nachts aufgewacht sind und Ihre Eltern nicht da waren. Das war sicher ein großer Schock für Sie. Da haben Sie sich wahrscheinlich sehr einsam gefühlt. Gab es andere Situationen, in denen Sie sich als Kind einsam gefühlt haben?

- Mit vierzehn, als meine Eltern ohne mich in Urlaub gefahren sind.
- Als Ihre Eltern ohne Sie in Urlaub gefahren sind? Ah ja ... Sie sind damals also gerne mit Ihren Eltern in Urlaub gefahren. Fühlen Sie sich auch heute manchmal einsam?
- Immer, wenn meine Freunde verreisen.
- Immer, wenn Ihre Freunde verreisen? Ja, das ist ja dann auch ähnlich wie damals, als äh, ... Und wie ist das mit diesen Wutanfällen, von denen Sie mir erzählt haben? Wann werden Sie so wütend?
- Meistens, wenn Leute keine Zeit für mich haben.
- Meistens, wenn Leute keine Zeit für Sie haben? Nun ja ... das ist natürlich auch ärgerlich. Können Sie sich noch erinnern, wann Sie Ihren ersten Wutanfall hatten?
- Im Kindergarten, als kein Kind mit mir spielen wollte.
- Im Kindergarten, als kein Kind mit Ihnen spielen wollte? Aha ... und Ihre Nervosität, die Ihnen so zu schaffen macht ... Wie hat das angefangen?
- In der Schule, als ich nach zwei Monaten noch nicht lesen konnte.
- Als Sie nach zwei Monaten noch nicht lesen konnten? Aber das ist doch ... Und heute? In welchen Situationen sind Sie heute nervös?
- Immer, wenn ich irgendetwas nicht gleich verstehe.
- Immer, wenn Sie irgendetwas nicht gleich verstehen ... Dann werden Sie nervös ... Nun ... ich glaube, da kann ich Ihnen helfen. Da sollten wir jetzt gleich ein paar weitere Termine für die nächste Zeit vereinbaren.

1️⃣2️⃣ Lektion 6   Übung 14

1️⃣3️⃣ Lektion 6   Übung 15

1️⃣4️⃣ Lektion 6   Übung 16

1️⃣5️⃣–1️⃣8️⃣ Lektion 6   Übung 17

1️⃣9️⃣ Lektion 7   Übung 2

1
Kind: Von hier oben sieht ja alles ganz klein aus. Papa, was ist denn das da hinten?
Vater: Das ist das Rathaus, das erkennt man an dem hohen Turm.
Kind: Nein, das meine ich nicht. Dahinter und ein bisschen weiter rechts, da ist ein großes rundes Dach.
Vater: Die große Kuppel, die gehört zum Theater. Ja, das muss das Theater sein. Und guck mal da links, neben dem Rathaus, das ist deine Schule ...

2
„Vorsicht an Gleis drei, es fährt ein: Intercity Express Paula Modersohn Becker."
Mann: Wo fährt der Zug nach Leipzig ab?
Frau: Gleis fünf. Der fährt gleich ab.
Mann: Danke!
Frau: Das wird aber knapp!
„Türen schließen selbsttätig. Vorsicht bei Abfahrt des Zuges."

3
Mann: Da hinten ist ja die Touristen-Information. Da können wir nach einem Stadtplan fragen. Wer ist denn das?
Frau: Keine Ahnung, steht nichts dran.

Mann: Der ist wohl so bekannt, dass nichts dranstehen muss. Guck mal, die Nase!

Frau: Den Tauben scheint er zu gefallen. Auf dem Kopf und auf den Händen ist er schon ganz dreckig.

Mann: Da! Da steht's ja: Freiherr von Schreckenstein.

Frau: Hm. Und wo hast du die Touristen-Information gesehen?

4

Frau: Also, ich finde die einfach zum Totlachen! Guck mal, wie die sich bewegen!

Kind: Wir haben doch noch eine Banane. Darf ich die dem Kleinen da hinten geben?

Frau: Nein, füttern darf man die Tiere hier nicht. Die bekommen schon genug zu fressen.

Kind: Aber der Kleine sieht ganz hungrig aus. Jetzt klettert er auf seine Mutter.

Frau: Siehst du, der will viel lieber spielen als eine Banane. Wie er an ihrem Ohr zieht!

5

Mann: Langsam tun mir die Füße weh. Und diese Bilder hier gefallen mir auch nicht.

Frau: Ich finde die gar nicht so schlecht. Starke Farben, alles so klar und einfach.

Mann: Klar? Hier weiß man doch gar nicht, was eigentlich auf dem Bild zu sehen ist.

Frau: Das ist ja gerade das Gute, mit Fantasie kann man alles Mögliche darin sehen. Aber müde bin ich jetzt auch.

Mann: Da hinten habe ich ein Schild gesehen, da geht's zum Café. Lass uns 'ne Pause machen!

 20   Lektion 7   Übung 6

● Guten Tag.

■ Guten Tag, was kann ich für Sie tun?

● Können Sie mir bitte sagen, ob Sie noch ein Einzelzimmer frei haben?

■ Darf ich fragen, wie lange Sie bleiben möchten?

● Bis Mittwoch. Also zwei Nächte.

■ Hm, ja … Sagen Sie mir doch bitte noch, ob das Zimmer ruhig sein soll?

● Das wäre natürlich schön, aber …

■ Dann muss ich noch wissen, ob Sie auch einen Internet-Anschluss brauchen?

● Nein, das ist wirklich nicht nötig. Haben Sie denn ein Zimmer frei?

■ Sagen Sie mir doch bitte noch, ob Sie Raucher sind? Wir haben nämlich Raucher- und Nichtraucherzimmer.

● Nein, ich rauche nicht. Aber wenn es sein muss, nehme ich auch ein Raucherzimmer.

■ Nein, nein. Das sollen Sie nicht. Haben Sie schon überlegt, in welchem Stockwerk das Zimmer sein soll?

● Darf ich fragen, ob Sie einen Aufzug haben?

■ Ja, natürlich, gleich hier um die Ecke.

● Dann ist das Stockwerk egal. Sie haben also noch ein Zimmer frei?

■ Ja, Nummer 810.

● Gut, das nehme ich. Können Sie mir bitte sagen, wann bei Ihnen das Frühstück ist?

■ Zwischen 6.30 und 9.30. Der Frühstücksraum ist im ersten Stock.

● Gut. Vielen Dank. Kann ich jetzt …

■ Gibt es noch etwas, was ich für Sie tun kann?

● Ja. Sagen Sie mir doch bitte, wie ich endlich meinen Zimmerschlüssel bekommen kann.

■ Oh ja, natürlich! Entschuldigung. Hier, bitte, Nummer 810. Ich wünsche Ihnen einen angenehmen Aufenthalt.

 21   Lektion 7   Übung 11

Sie sollen für Ihre Chefin eine Geschäftsreise organisieren. Ihre Chefin legt Wert auf Höflichkeit und gibt Ihnen nur wenige Informationen – Sie müssen alles fragen.

● Guten Morgen. Ich muss übernächste Woche nach Leipzig. Bitte bereiten Sie doch alles vor.

■ Wissen Sie schon, wann Sie fahren?

● Wann ich fahre? Am Dienstag, den dreiundzwanzigsten.

■ Können Sie mir schon sagen, wann genau Sie in Leipzig sein müssen?

● Wann ich in Leipzig sein muss? Um 14 Uhr habe ich den ersten Termin. Suchen Sie bitte eine passende Verbindung raus.

■ Haben Sie schon überlegt, ob Sie mit der Bahn fahren oder fliegen wollen?

● Ob ich mit der Bahn fahren oder fliegen will? Das überlasse ich Ihnen. Ich bleibe drei Tage. Bitte buchen Sie auch zwei Übernachtungen.

■ Ich muss noch wissen, welches Hotel ich buchen soll.

● Welches Hotel Sie buchen sollen? Na, das Kempinski – wie immer. Und für Donnerstag buchen Sie bitte die Rückfahrt – gleich nach dem Ende der Konferenz.

■ Wissen Sie schon, wie lange die Konferenz dauert?

● Wie lange die Konferenz dauert? Ja, bis etwa 16 Uhr … buchen Sie die Rückfahrt also nicht vor 17 Uhr.

■ Ich muss noch wissen, welche Unterlagen Sie mitnehmen möchten.

● Welche Unterlagen ich mitnehmen möchte? Das weiß ich noch nicht, da sage ich Ihnen noch rechtzeitig Bescheid. Und wenn es hier Probleme gibt, können Sie mich auch in Leipzig anrufen.

■ Sagen Sie mir bitte, wie ich Sie dort erreichen kann?

● Wie Sie mich dort erreichen können? Na, über die Handy-Nummer. Das Handy habe ich immer dabei. Sonst noch etwas?

■ Haben Sie schon überlegt, ob Sie einen Mietwagen in Leipzig brauchen?

● Ob ich einen Mietwagen in Leipzig brauche? Nein, nein – das ist nicht nötig. Ich fahre mit dem Taxi, das ist bequemer und schneller … Gut, dann ist ja soweit alles klar. Wenn es noch Fragen gibt – das können wir ja auch in den nächsten Tagen noch besprechen.

22   Lektion 7   Übung 16

Ihr Rundgang beginnt am Bern Tourismus Büro auf dem Bahnhofplatz. Von hier aus gehen Sie durch die Spitalgasse bis zum Käfigturm (Stadttor von 1256 bis 1344) und weiter geradeaus bis zum Zeitglockenturm (Stadttor bis 1256) mit seiner astronomischen Uhr und dem bekannten Figurenspiel von 1530 (Beginn vier Minuten vor jeder vollen Stunde). Sie gehen weiter geradeaus, die Kramgasse entlang, am schönen Brunnen und am Einstein-Museum vorbei, bis zur nächsten Kreuzung. Schauen Sie nach links: Hier können Sie zwischen den Häusern das Rathaus sehen (schönster gotischer Profanbau, 1406 bis 1416). Wenn Sie weitere Brunnen sehen möchten, gehen Sie die paar Schritte zum Rathaus: Gegenüber dem Rathaus steht der Vennerbrunnen. Gehen Sie zurück und die Gerechtigkeitsgasse entlang, am Gerechtigkeitsbrunnen vorbei, durch den Nydeggstalden und über die Untertorbrücke. Auf der anderen Seite gehen Sie rechts und dann geradeaus zum Bärengraben (gleich neben der Nydeggbrücke). Der Bär ist das Wappentier von Bern. Lehnen Sie sich nur vorsichtig an die Mauer, denn es sind wirklich Bären im Bärengraben! Jetzt ist es nicht mehr weit zum Rosengarten oder zum Muristalden. Von diesen beiden Aussichtspunkten hat man den schönsten Blick auf die Altstadt von Bern.

◎23   Lektion 7   Übung 22

Das Wetter. Am Abend in der Westhälfte Schauer und Gewitter, nach Osten hin trocken. Tiefsttemperaturen 6 bis 12 Grad. Morgen im Nordosten heiter bis wolkig und trocken. Höchstwerte bis 23 Grad. Im übrigen Deutschland wechselhaft mit Schauern und Gewittern. Höchsttemperaturen 16 bis 21 Grad. Die Aussichten: Wechselhaft mit einigen sonnigen Abschnitten, aber auch Schauer und einzelne Gewitter. Am Mittwoch im Südwesten und Süden allmählich freundlicher, noch keine durchgreifende Temperaturänderung.
(Wetterbericht vom Deutschlandfunk, Sonntag, 14.06.1998, 19.05 Uhr)

◎24   Lektion 7   Übung 24

◎25   Lektion 7   Übung 25

◎26   Lektion 7   Übung 26

◎27–30   Lektion 7   Übung 27

◎31–36   Start Deutsch 2, Hören Teil 1

31
Sie hören fünf Ansagen am Telefon. Zu jedem Text gibt es eine Aufgabe. Ergänzen Sie die Telefon-Notizen. Sie hören jeden Text zweimal.

Beispiel
Guten Tag, Herr Schmidt. Hier ist Einsendle von der Firma Meier und Co. Wir haben für morgen, Dienstag den 21. um 11 Uhr 30 ein Vorstellungsgespräch vereinbart, leider müssen wir diesen Termin verschieben. Können Sie am Donnerstag den 23. zur gleichen Zeit vorbeikommen? Wir bitten um baldigen Rückruf. Vielen Dank.

32
Nummer 1
Guten Tag, Sie sind verbunden mit der Meldestelle in Bockenheim. Unser Amt ist geöffnet Montag bis Freitag von 8 Uhr bis 12 Uhr und Montag bis Donnerstag nachmittags von 14 bis 17 Uhr. Bitte rufen Sie innerhalb unserer Sprechzeiten an. Vielen Dank für Ihren Anruf.

33
Nummer 2
Hotel Zinner, Jagoda am Apparat. Guten Tag Frau Gehringer, wir haben nach Ihrer Abreise in Ihrem Zimmer einen grünen Regenschirm gefunden. Können Sie uns bitte zurückrufen und uns Bescheid sagen, ob es sich tatsächlich um Ihren Schirm handelt? Vielen Dank.

34
Nummer 3
Die gewünschte Rufnummer lautet: 60 12 87. Die Vorwahl ist: 0 20. Möchten Sie mit dem Teilnehmer verbunden werden, dann drücken Sie die 7.

35
Nummer 4
Hallo, Marlon, hier ist Martin. Du, ich habe heute überhaupt keine Lust auf Volleyball. Hast du nicht Lust, mit mir ins Kino zu gehen? Es gibt einen neuen Jackie-Chan-Film. Der läuft im Cinema um Viertel nach acht. Sag mir doch kurz Bescheid.

36
Nummer 5
Reisebüro Jandel. Guten Tag, Herr Homm. Wir haben noch ein weiteres Last-Minute-Angebot für Sie: Eine Woche Mallorca mit Halbpension im Vier-Sterne-Hotel für 459,– Euro. Sie sollten uns möglichst heute noch Bescheid geben, ob Sie daran interessiert sind. Sie erreichen uns bis 18 Uhr. Im Voraus herzlichen Dank für Ihren Rückruf.

◎37–42   Start Deutsch 2, Hören Teil 2

37
Sie hören fünf Informationen aus dem Radio. Zu jedem Text gibt es eine Aufgabe. Kreuzen Sie an: a, b oder c. Sie hören jeden Text einmal.

Beispiel
Liebe Zuhörer und Zuhörerinnen, dranbleiben, gleich nach den Nachrichten geht es weiter mit unserer beliebten Spielshow: „Wer weiß mehr?" Bis dann.
Es ist zwanzig Uhr. Sie hören Nachrichten. Berlin – der Bundestag hat heute einen Entwurf …

38
Nummer 6
Und jetzt noch das Wetter. Heute und morgen noch vereinzelt Schneefälle, Temperaturen um die 0 Grad. Die weiteren Aussichten: Es bleibt kühl und windig, bei Temperaturen um 5 Grad.

39
Nummer 7
Achtung, auf der A 66 Frankfurt Richtung Wiesbaden kurz vor der Abfahrt Höchst hat ein Lastwagen seine Ladung verloren. Fahren Sie bitte langsam und benutzen Sie nur die linke Spur. Wir wünschen gute und sichere Fahrt.

40
Nummer 8
HR 1: „Hessens fitte Forscher". Sie sind kreativ und innovativ. Vom Ökostrom bis zum Kampf gegen den Herzinfarkt reichen ihre Themen. HR 1 zeigt, wie die Hessen forschen. Jeden Tag kurz nach zehn und kurz nach vier. HR 1 bewegt.

41
Nummer 9
Und jetzt grüßt Petra ihre kleine Schwester Anke, die gerade im Krankenhaus liegt mit dem Lied „Alles wird gut" von Peter Muffin. Sie wünscht ihr gute Besserung! Das tun wir auch, also liebe Anke, gute Besserung, und nur für dich das Lied: „Alles wird gut".

42
Nummer 10
So, liebe Hörer und Hörerinnen, das war's mal wieder für heute. Ich hoffe, Sie sind morgen wieder dabei, wenn es heißt: „Wir testen die Besten". Danke fürs Zuhören und Mitmachen. Tschüss sagt: Ihre Conni Hahn.

43

Sie hören ein Gespräch. Zu diesem Gespräch gibt es fünf Aufgaben. Ordnen Sie zu und notieren Sie den Buchstaben. Sie hören den Text zweimal.

Beispiel

Hotelgast: Wo kann ich denn meinen Wagen parken? Haben Sie eine Tiefgarage?

Rezeptionistin: Nein, wir haben keine Tiefgarage, aber wir haben ein paar Plätze direkt vor dem Hotel. Da können Sie Ihr Auto gern hinstellen.

Hotelgast: Gut, dann mache ich das schnell.

Rezeptionistin: Ja, gern.

44

Nummer 11, 12, 13, 14, 15

Hotelgast: So, da bin ich wieder.

Rezeptionistin: Hier ist Ihr Zimmerschlüssel, Herr Jäger. Ich wünsche Ihnen einen angenehmen Aufenthalt.

Hotelgast: Danke. Ach, ich hätte da noch ein paar Fragen.

Rezeptionistin: Ja, natürlich. Was möchten Sie wissen?

Hotelgast: Ich möchte gern noch eine Kleinigkeit essen, ist das möglich?

Rezeptionistin: Ja, natürlich. Unser Restaurant hat bis 23 Uhr geöffnet. Das ist gleich hier rechts neben der Rezeption.

Hotelgast: Sehr gut. Wo und wann kann ich denn frühstücken?

Rezeptionistin: Das Frühstücksbuffet gibt es im Restaurant. Von 7 bis 11 Uhr.

Hotelgast: Aha. Und wo ist das Schwimmbad?

Rezeptionistin: Unser Wellnessbereich ist im ersten Untergeschoss.

Hotelgast: Ah, ja. Und was gibt es da alles?

Rezeptionistin: Direkt neben dem Schwimmbad finden Sie auch eine Sauna und einen Fitnessraum.

Hotelgast: Aha … Das Schwimmbad reicht mir, glaube ich. Wann ist das denn geöffnet?

Rezeptionistin: Täglich von 7 bis 20 Uhr.

Hotelgast: Sehr schön. Dann kann ich vor dem Frühstück noch schwimmen.

Rezeptionistin: Haben Sie noch Fragen?

Hotelgast: Ja, wo sind denn die Konferenzräume?

Rezeptionistin: Im zweiten Stock haben wir fünf gut ausgestattete Konferenzräume. Möchten Sie sich die mal ansehen?

Hotelgast: Ja, sehr gern.

Rezeptionistin: Für wie viele Personen soll der Konferenzraum denn sein?

Hotelgast: Für zehn Personen.

Rezeptionistin: Na, dann ist unser Raum „Chicago" genau der Richtige. Wenn Sie mir bitte folgen würden.

Ergänzen Sie die Sätze mit Ihren eigenen Wünschen!

a) einem Schloss ◆ einer kleinen Hütte ◆ einem Luxus-Appartement ◆ einer Jugendstil-Villa ◆ einer Burg ...

b) in Australien/... ◆ in meinem Heimatland ◆ in einem fernen Land ◆ in einer schönen Stadt ◆ im Süden ...

c) an der Nordsee ◆ am Rhein ◆ am Bodensee ◆ am Atlantik ◆ am Nordpol ...

d) eine Küche ◆ einen Balkon ◆ einen Garten ◆ einen Keller ◆ ein Schlafzimmer ...

e) in der Küche ◆ auf dem Balkon ◆ im Garten ◆ im Keller ◆ im Schlafzimmer ...

f) schlafen ◆ träumen ◆ spannende Bücher lesen ◆ meine Memoiren schreiben ◆ Bilder malen ...

Ich sehne mich nach _____ (a)

in _____ (b)

oder _____ (c)

_____ (d) *braucht* _____ *nur zu haben*

dazu _____ (d)

und _____ (d)

_____ (e) *würde ich*

_____ (f),

...

Selbstauskunft

1 _____ Name: _____ Vorname: _____ 2

3 _____ Geburtsdatum: _____ Geburtsort: _____

4 _____ Anschrift _____

5 _____ Familienstand: _____ Kinder: _____ 6

7 _____ Beruf: _____ beschäftigt seit: _____ 8

9 _____ Arbeitgeber: _____ monatl. Einkommen €: _____ 10

11 _____ Miete (inkl. NK) z.Zt. €: ____ Zahl der Personen im Haushalt: ___ 12

13 _____ Musikinstrumente: _____ Haustiere: _____ 14

15 _____ Ich bin an der _____ -Zimmer-Wohnung / dem _____ -Haus

in _____ interessiert.

16 _____ Mietbeginn ab: _____ Dauer des Mietverhältnisses bis: ___ 17

Frankfurt, den _____

(Datum)   (Unterschrift)

GID Immobilien
Heidestraße 21
60136 Frankfurt

Anzeige Nr.	1	2	3	4	5	6	7	8
Altbau		X						
zentrale Lage								X
Großwohnung (>100 m^2)								
Einbauküche								
Parkettboden								
(Etagen)Zentralheizung								
zwei WCs								
Balkon oder Terrasse								
Warmmiete bekannt								
Maklerprovision								
Wohngemeinschaft								

Was passt? Lesen und ergänzen Sie.

Miete ◆ Kaution ◆ Nebenkosten ◆ Abstand ◆ Maklerprovision ◆ Nachmieter

Kleines Mieter-Lexikon

Im Zusammenhang mit Wohnungssuche und Mietvertrag gibt es einige Grundbegriffe, über die Sie Bescheid wissen sollten. Informierte Mieter und Vermieter sind bessere Vertragspartner – dazu möchten wir mit dieser Information beitragen.

Die _____ zahlen Sie monatlich für die Überlassung der Wohnung an den Vermieter – normalerweise am Monatsanfang, also im Voraus. Ihre Höhe ist abhängig von der Größe der Wohnung, ihrer Lage (ruhig oder viel Verkehr, zentral in der Stadt oder außerhalb, öffentliche Verkehrsmittel in der Nähe etc.) und ihrer Ausstattung (mit oder ohne Bad, Balkon, Zentralheizung, Wärmeschutzverglasung etc.). Sie sollte „ortsüblich" sein, also nicht höher als die Miete für vergleichbare Wohnungen.

Die _____ (oft auch „Umlage" genannt) sind keinesfalls Nebensache: Sie liegen im Durchschnitt bei etwa 40 Prozent der Miete. Sie umfassen die Kosten für Grundsteuer und Versicherungen, Wasser und Abwasser, Zentralheizung und Warmwasser, Müllabfuhr, Straßenreinigung und Schneebeseitigung, Strom im Treppenhaus oder für den Aufzug, Gartenpflege, Hausmeister etc. Diese Kosten werden anteilig (nach Wohnungsgröße, Verbrauch oder Zahl der Bewohner) aufgeteilt und müssen nur bezahlt werden, wenn das im Mietvertrag ausdrücklich vereinbart ist. Als Mieter zahlen Sie dann jeden Monat eine feste Vorauszahlung, am Jahresende muss der Vermieter eine Abrechnung vorlegen: Waren die tatsächlichen Kosten niedriger als Ihre Vorauszahlungen, erhalten Sie eine Erstattung, waren sie höher, fordert der Vermieter von Ihnen eine Nachzahlung. Manchmal wird auch eine Pauschale vereinbart – dann gibt es keine Nachzahlungen, aber auch keine Erstattungen.

Die _____ wird bei Abschluss eines Mietvertrages fällig. Sie darf drei Monatsmieten nicht übersteigen und wird meistens auf ein Sparkonto eingezahlt. Der Vermieter kann auf die Kaution zurückgreifen, falls Sie die Miete nicht pünktlich zahlen oder bei Auszug nicht die vereinbarten Renovierungen vornehmen. Bei Auszug erhalten Sie die komplette Summe inkl. Zinsen zurück.

Einen _____ müssen Sie oft an den Vormieter zahlen für Sachen, die in der Wohnung bleiben und in Ihren Besitz übergehen, z. B. Teppichboden, Einbauküche, Einbauschränke, Möbel. Vorsicht: Oft nutzen Vormieter die Situation aus und versuchen, alte und wertlose Sachen zu Fantasiepreisen zu verkaufen! Grundsätzlich gilt der Zeitwert (also nicht der Neupreis!), und zahlen müssen Sie nur, wenn ein Mietvertrag auch tatsächlich zustande kommt.

Eine _____ in Höhe von maximal zwei Monatsmieten wird immer dann fällig, wenn ein Mietvertrag durch die Vermittlung eines Maklers zustande kommt. Der Vermieter oder der Verwalter dürfen keine Maklerprovision verlangen.

_____ gesucht: Hier möchte ein Mieter vor Ablauf seines Vertrages aus der Wohnung ausziehen. Vorsicht: Sie können nur mit Einverständnis des Vermieters in einen laufenden Mietvertrag einsteigen! Klären Sie also, ob der Vermieter informiert und einverstanden ist.

Wenn Sie weitere Informationen suchen oder spezielle Fragen haben, wenden Sie sich bitte vertrauensvoll an eine unserer über 500 Beratungsstellen. Dort erhalten Sie auch „Das Mieterlexikon", das einen umfassenden Überblick über alle wesentlichen Miet- und Wohnungsfragen gibt und auch Fragen zu typischen Alltagsproblemen (z. B. Können Kinderwagen im Hausflur abgestellt werden?, Ist Feiern in der Wohnung erlaubt?, Kann nachts geduscht werden?) ausführlich und verständlich beantwortet.

Herausgegeben vom Deutschen Mieterbund e. V., Köln

Schöne Männer
von Christine Nöstlinger (Zeichnungen von Erhard Dietl)

Lesen Sie den Text und zeichnen Sie ein Bild von Franz.

Der Franz ist acht Jahre und acht Monate alt. Er wohnt mit seiner Mama, seinem Papa und seinem großen Bruder, dem Josef, in der Hasengasse.

Seine Freundin, die Gabi, wohnt gleich nebenan in der Wohnung. Sie ist so alt wie der Franz.

Einen Freund hat der Franz auch. Der heißt Eberhard Most und geht mit ihm in die Klasse. Er beschützt den Franz. Das hat der Franz auch manchmal nötig, weil er der kleinste und schwächste Bub in der Klasse ist.

Die Oma vom Franz wohnt im Altersheim. Der Franz besucht sie jede Woche zweimal.

Hin und wieder passiert es dem Franz auch, dass ihn jemand für ein Mädchen hält. Weil er blonde Ringellocken hat und einen Herzkirschenmund. Und veilchenblaue Sternenaugen.

Arbeiten Sie zu dritt oder zu viert und vergleichen Sie Ihre Bilder.

Schreiben Sie für Ihren Interviewpartner ein Gedicht über die Stationen seines Lebens.

L	E	HRE
	R	UTH
NORDSEEI	N	SEL
BERUF	S	SCHULE
	T	HEATER

Tragen Sie jetzt den Namen und die Begriffe für Ihren Interviewpartner ein:

Stammvokale	Infinitiv	Präteritum	Perfekt
a - i - a	fangen		
		ließ	
			hat … gehalten
		lief	
		fiel	
a - u - a	waschen		
			hat … eingeladen
		schlug	
		trug	
	fahren		
e - a - e		sah	
			hat … getreten
	vergessen		
	lesen		
		gab	
e - a - o		nahm	
			hat … geholfen
	sterben		
		sprach	
		traf	
i - a - u	springen		
		trank	
			hat … gefunden
		sang	
	binden		
ie - o - o		zog	
			hat … verloren
	schließen		
			ist … geflossen
	fliegen		
ei - i - i			ist … gestiegen
		schrieb	
	bleiben		
		entschied	
	leihen		

1 Als ich zum ersten Mal in den Kindergarten musste, _____

_____

2 Ich hatte mit meinen Geschwistern immer Streit, wenn _____

_____

3 _____ ,

als ich meinen ersten Schultag hatte.

4 Immer wenn ich mit meiner Familie zusammen bin, _____

_____

5 Als ich meine Familie das letzte Mal gesehen habe, _____

_____

6 Als _____ ,

waren meine Freunde besonders wichtig für mich.

7 An meine erste Liebe denke ich oft, wenn _____

_____

8 Die Schule hat mir viel Spaß gemacht, als _____

_____

9 In der Schule habe ich mich immer gelangweilt, wenn _____

_____

10 Wenn ich an meine Studienzeit (Ausbildungszeit) denke, _____

_____

11 Meine erste große Reise habe ich gemacht, als _____

_____

12 Für meinen Beruf habe ich mich entschieden, als _____

_____

13 Immer wenn ich etwas Freizeit habe, _____

_____

Formen Sie die nominalen Ausdrücke in Nebensätze um.

<u>Mit vier Jahren</u> kam ich in den Kindergarten. Am Anfang ging ich aus Angst vor den anderen Kindern nicht gern hin, aber als ich Michael traf, war das plötzlich kein Problem mehr. <u>Bis zum Ende meiner Zeit im Kindergarten</u> beschützte er mich, wenn mich jemand ärgern wollte.

In die Schule kam ich <u>mit 6 Jahren</u> und lernte bald viele andere Kinder kennen. <u>Vor Freude über die vielen neuen Freunde</u> war Michael bald nicht mehr so wichtig für mich und wir sahen uns kaum noch. <u>Bis zum Ende meiner Schulzeit</u> verliebte ich mich oft, und auch Michael hatte einige Freundinnen.

<u>Auf Wunsch meiner Eltern</u> studierte ich Medizin, aber das fand ich dann nicht besonders interessant. <u>Aus Langeweile und Neugier</u> begann ich, eine große Reise zu planen. In dieser Zeit traf ich zufällig Michael wieder und fragte ihn spontan, ob er nicht mit mir reisen wollte. Er war gleich ganz begeistert und <u>auf Empfehlung seiner Freunde</u> fuhren wir dann für einige Monate zusammen nach Brasilien.

<u>Bei unserer Reise</u> stellten wir fest, dass wir uns noch immer wunderbar verstehen und beschlossen zu heiraten. <u>Nach unserer Rückkehr</u> nach Deutschland gab es also bald ein großes Fest. <u>Vor Aufregung und Glück</u> musste ich den ganzen Abend weinen.

_____

_____

_____

_____

_____

_____

_____

_____

_____

_____

_____

_____

_____

_____

_____

_____

_____

_____

_____

_____

Das werde ich nie vergessen ...

Was passt wo? Ergänzen Sie die Definitionen.

Ausreiseantrag der, ̈e ◆ Botschaft die, -en ◆ Bürger, der, - ◆ DDR die ◆ Führung die ◆
Gesetz das, -e ◆ ~~Grenze~~ die, -n ◆ Grenzübergang der, ̈e ◆ Menschenmasse die, -n ◆
Opposition die ◆ Partei die, -en ◆ Protest der, -e ◆ Reform die, -en ◆ Versammlungsfreiheit die

1 *Eine Grenze* _____ trennt zwei Länder.
2 _____ ist der Eingang und Ausgang eines Landes.
3 _____ ist die offizielle Vertretung eines Staates im Ausland.
4 _____ sind die Einwohner einer Stadt oder eines Staates.
5 _____ ist die Abkürzung für „Deutsche Demokratische Republik".
6 _____ ist die offizielle schriftliche Bitte, das Land verlassen zu dürfen.
7 _____ sind Worte oder Handlungen, die zeigen, dass man mit etwas nicht
              einverstanden ist.
8 _____ sind Veränderungen zur Verbesserung einer Gesellschaft.
9 _____ ist die Leitung eines Staates oder einer Organisation.
10 _____ sind Menschen mit anderen Meinungen als die offizielle Meinung.
11 _____ ist eine offizielle Organisation mit gemeinsamen politischen Zielen.
12 _____ ist das Recht der Bürger eines Staates, sich öffentlich zu treffen und Wer-
              bung für ihre (politischen) Ziele zu machen.
13 _____ ist ein Recht, das der Staat macht und das für alle Bürger des Staates gilt.
14 _____ sind sehr viele Menschen an einem Ort.

Lesen Sie den Text und ergänzen Sie die passenden Wörter.

Die „sanfte Revolu

Die „sanfte Revolution"

Der 9. November 1989 war ein historischer Tag für Deutschland: Die DDR öffnete fast 30 Jahre nach dem Bau der Berliner Mauer ihre Grenzen und leitete damit eine Entwicklung ein, die schon ein knappes Jahr später zur Wiedervereinigung Deutschlands führte. Wie war es dazu gekommen?

Schon seit Mitte der 80er-Jahre hatte die Unzufriedenheit der Menschen in der DDR dramatisch zugenommen. Während andere osteuropäische Länder tiefgreifende wirtschaftliche und politische _____ begonnen hatten, hielt die DDR-_____ jede Art von Reform für überflüssig und gefährlich. Die _____ wurde zu einer Insel der Orthodoxie in einem Meer radikaler Veränderungen, und immer mehr DDR-_____ fassten den Entschluss, ihre Heimat zu verlassen.

Im Sommer 1989 hatten über 120 000 DDR-Bürger einen _____ gestellt. Andere hatten durch die Besetzung der westdeutschen _____ in Budapest, Prag, Warschau und Ost-Berlin ihre Ausreise in die Bundesrepublik erreicht. Und nachdem Ungarn Anfang September seine _____ geöffnet hatte, reisten täglich Tausende von DDR-Bürgern über Ungarn und Österreich in den Westen aus. Insgesamt waren 1989 bis zum Ende der ersten Novemberwoche über 225 000 Ostdeutsche in die Bundesrepublik geflohen.

Aber auch die _____ innerhalb der DDR war im La des Jahres 1989 stärker geworden. Nachdem es schon im Frühjah massiven _____ gegen die Fälschung der Kommu wahlergebnisse gekommen war, gründeten sich im September Oktober offiziell die ersten Organisationen und _____ Opposition. Anfang September hatte in Leipzig die e „Montagsdemonstration" mit 1 200 Teilnehmern stattgefunden. E Oktober beteiligten sich bereits über 300 000 Menschen und forde lautstark Reise- und _____ . Nachdem die DDR-Führung unter dem Druck der Ereignisse neues _____ zur Regelung der Ausreise angekün und allen DDR-Bürgern die freie Ausreise versprochen hatte, zo am Abend und in der Nacht des 9. November 1989 spontan Tause von Ost-Berlinern zur Mauer. Die Soldaten an _____ waren unsicher, weil sie von neuen Ausreiseregelungen nur durch Radio und Fernsehen geh aber keine neuen Anweisungen erhalten hatten. Doch unter Anststurm der _____ öffneten sie schließ die Schlagbäume: In Berlin begann die Nacht ohne Grenzen, Mauer hatte ihren Schrecken verloren. Willy Brandt, der zur Zeit Mauerbaus Bürgermeister von Berlin gewesen war, kommentierte nächsten Tag in West-Berlin diese sanfte Revolution mit dem S „Jetzt wächst zusammen, was zusammengehört."

Laut- und Buchstabenzuordnung

falsch   *richtig*

_____   _____
_____   _____
_____   _____
_____   _____
_____   _____
_____   _____

Groß- und Kleinschreibung

falsch   *richtig*

_____   _____
_____   _____
_____   _____
_____   _____
_____   _____
_____   _____

Getrennt- und Zusammenschreibung

falsch   *richtig*

_____   _____
_____   _____
_____   _____
_____   _____
_____   _____

meine Lieblingsfehler

falsch   *richtig*

_____   _____
_____   _____
_____   _____
_____   _____
_____   _____

Rollenspiel „Kurzurlaub"

Sie und Ihre Familie haben ein Wochenende (von Freitagabend bis Sonntagabend) Zeit, um einen Kurzurlaub zu machen. Aber jeder in Ihrer Familie hat andere Wünsche.
- Lesen Sie die Beschreibungen der Personen und verteilen Sie die Rollen.
- Lesen Sie die Informationen zu den Städten und wählen Sie einen Ausgangspunkt und ein passendes Urlaubsziel.
- Machen Sie Vorschläge und diskutieren Sie mit den anderen Familienmitgliedern: Welche Stadt wollen Sie gemeinsam besuchen? Wie wollen Sie fahren (Flugzeug, Bahn oder Auto)? Was wollen Sie dort machen?
- Entscheiden Sie sich für ein Reiseziel und für ein Verkehrsmittel und machen Sie einen Plan für die zwei Tage.

Vater
52 Jahre alt, ein gemütlicher Mann, arbeitet als Lehrer und interessiert sich für Literatur und Theater. Er isst und trinkt sehr gerne. Er hat große Angst vor dem Fliegen, deshalb fliegt er nur, wenn es unbedingt sein muss.

Mutter
50 Jahre alt, sehr sportlich und gesundheitsbewusst, arbeitet als Managerin in einer Computerfirma. Sie interessiert sich für Wirtschaft, Architektur und Kunst. Sie findet es sehr erholsam, einen Einkaufbummel zu machen. Sie hasst lange Autofahrten.

Tochter
9 Jahre alt, mag Pferde, liest sehr gern und ist begeisterte Skifahrerin. Sie hasst es, auf Reisen Bauwerke und vor allem Kirchen zu besichtigen. Sie fährt lieber mit der Bahn als mit dem Auto.

Sohn
15 Jahre alt, interessiert sich vor allem für Computerspiele und Technik und möchte auf Reisen vor allem Spaß haben. Sein liebstes Sportgerät ist das Snowboard. Für Museen interessiert er sich überhaupt nicht. Er fährt am liebsten mit dem Auto in Urlaub.

Städte und Aktivitäten

WIEN
- Wiener Hofreitschule mit den berühmten Lipizzanerpferden
- Stephansdom, das Wahrzeichen von Wien
- typische Kaffeehäuser
- Burgtheater
- Prater

Basel
- Fastnacht
- Fastnachtsbrunnen vom Künstler Jean Tinguely
- Theater Basel (Theater des Jahres 1999)
- Kunsthalle

MÜNCHEN
- Hofbräuhaus,
- Besichtigung der Filmstadt „Geiselgasteig"
- Deutsches Museum (Naturwissenschaft und Technik)
- Schlösser des Märchenkönigs Ludwig in den Alpen
- Internationale Jugendbibliothek

BERLIN
- Reichstag
- Gedächtniskirche
- Einkaufen auf dem Kurfürstendamm
- Theater am Schiffbauerdamm
- Love Parade

Hannover
- Cebit Computermesse
- Stadtrundfahrt mit historischem Doppeldecker-Pferde-Bus

Sankt Moritz
- Ski- und Snowboardfahren in den Alpen

A

Sie arbeiten bei der Zimmervermittlung des Rügener Tourist-Service und haben folgende Liste von Hotels. Empfehlen Sie Ihrem Anrufer ein passendes Hotel:

Name	Pension Sonnenschein	*Strandhotel*	Hotel Seepark
Daten	Juli: nur Einzelzimmer frei August: ausgebucht	Juli: vom 1. bis 14. Ferienwohnungen frei; vom 15. bis 17. ausgebucht, August: frei; außer am 23. nur noch ein Appartement für drei Personen frei	Juli: Einzel- und Doppelzimmer frei August: vom 19. bis 23. August ausgebucht
Preise	Einzelzimmer: 40,– € Doppelzimmer: 80,– €	Ferienwohnung für maximal 8 Personen: 160,– €; Ferienappartement für 3 Personen: 60,– €	Einzelzimmer: 60,– € Doppelzimmer: 90,– €
Ort	Sellin	Binz	Saßnitz
Parkmöglichkeit	keinen eigenen Parkplatz	Garage oder kostenloser Parkplatz	kostenloser Parkplatz beim Hotel
Mahlzeiten	Frühstück für Gesundheitsbewusste	Keine Mahlzeiten	Frühstück oder Halb- oder Vollpension
Extras	Hunde sind besonders willkommen; Fernseher und Radio im Zimmer	Terrasse, Kochnische mit Kaffeemaschine und Toaster, Fernseher und Radio, Telefon	Bar, Fitnessraum, Schwimmbad und Sauna, Fernseher und Radio und Telefon im Zimmer

B

Sie wollen mit Ihrer Frau / Ihrem Mann und Ihren fünf Kindern vom 1. bis 10. Juli eine Reise an die Ostsee auf die Insel Rügen machen. Sie haben einen Hund, den Sie, wenn es möglich ist, gerne mitnehmen wollen. Sie fahren mit dem Auto und brauchen deshalb einen Parkplatz. Da Sie befürchten, dass das Wetter auch für kurze Zeit schlecht sein wird, hätten Sie gerne ein Schwimmbad im Hotel, so dass sich die Kinder nicht langweilen und Ihnen auf die Nerven gehen. Ihnen ist es egal, wie viel der Urlaub kostet. Ihre Frau / Ihr Mann möchte aber lieber sparen. Sie werden oft Ausflüge machen und deshalb möchten Sie nicht alle Mahlzeiten im Hotel essen.

Lesen Sie den Text ohne Wörterbuch und finden Sie eine Überschrift.

Hamburg - dpa. Den einen plagt Asthma beim Durchzug einer Schlechtwetterfront, die andere hat Kopfschmerzen bei Föhn: Jeder dritte Deutsche ist nach Schätzungen von Medizinmeteorologen wetterfühlig. Bei Menschen ab 65 Jahren reagieren sogar mehr als zwei Drittel auf Wetterreize. Frauen sind drei- bis viermal so oft betroffen wie Männer. Dass Wetterfühligkeit keine Einbildung ist, ist schon lange bekannt: So macht der Föhn vielen Menschen in der Münchner Gegend schwer zu schaffen. Jetzt wird die Wetterfühligkeit auch medizinisch bestätigt: Forscher der Gießener Universität konnten nachweisen, dass elektromagnetische Impulse, wie sie etwa bei Gewittern vorkommen, Einfluss haben auf die Gehirnaktivität wetterfühliger Menschen. Gesunde Menschen bemerken die Klimareize gar nicht. „Jede Reaktion auf das Wetter ist eine Art Gradmesser des Gesundheitszustands", erklärt der Medizinmeteorologe Klaus Burscher, „die Betroffenen leiden wirklich und verdienen unsere Sympathie."

Lesen Sie den Text noch einmal und markieren Sie die Antworten.

1 Welche Krankheiten können vom Wetter kommen?
☐ a) Kopfschmerzen
☐ b) Zahnschmerzen
☐ c) Asthma

2 Wer ist besonders wetterfühlig?
☐ a) ältere Menschen
☐ b) Frauen
☐ c) Kinder

3 Welches Wetter bringt Krankheiten?
☐ a) Gewitter
☐ b) Sonne
☐ c) Föhn

4 Sehr wetterfühlige Menschen sind …
☐ a) gesund.
☐ b) nicht gesund.
☐ c) sympathisch.

Sind Sie wetterfühlig? Was kann man gegen Wetterfühligkeit tun?
Schreiben oder diskutieren Sie.

_____

_____

_____

_____

_____

_____

_____

_____

_____

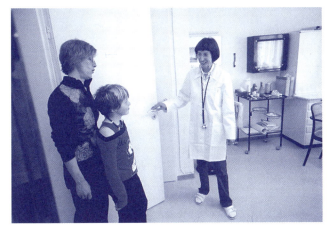

A

B

C

D

E

F

Suchen Sie zu Ihrer Situation die passenden Fragewörter.

Was …?   *Was kostet …?*

Wie …?   *Wie lange …?*   *Wie viel …?*
Wie teuer …?   *Wie oft …?*   *Wie hoch …?*
Wie viele …?

Wann …?   *Ab wann …?*   *Seit wann …?*

Was für …?   *Welch- …?*   *Für welch- …?*
Bei welch- …?

Wo …?   *Wohin …?*

Haben Sie …?   *Haben Sie keine …?*   *Gibt es …?*
Sind Sie …?

Können Sie …?   *Möchten Sie …?*
Kann ich …?   *Soll ich …?*   *Soll …?*

Wissen Sie, wann …?   *Wissen Sie, wo …?*
Wissen Sie, ob …?

…

Variante 1

Thema: Reisen	Thema: Reisen
Wann ...?	**Haben Sie ...?**
Thema: Reisen	Thema: Reisen
Fliegen Sie ...?	**Wohin ...?**
Thema: Reisen	Thema: Reisen
...?	**...?**

Variante 2

Thema: Reisen	Thema: Reisen
Fahren Sie ...?	**Wie oft ...?**
Thema: Reisen	Thema: Reisen
Wie viel/Wie teuer ...?	**Gibt es ...?**
Thema: Reisen	Thema: Reisen
...?	**...?**

Variante 3

Thema: Reisen	Thema: Reisen
Wo ...?	**Wie lange ...?**
Thema: Reisen	Thema: Reisen
Was für ...?	**Waren Sie ...?**
Thema: Reisen	Thema: Reisen
...?	**...?**

Welche Überschrift passt zu welchen Satzanfängen? Ergänzen Sie die passende Überschrift.

Fischstäbchen-Blockade auf der Autobahn

Norwegische Großeltern begrüßen 100. Enkelkind

Diebe stehlen Geld von „Ganoven-Ede"

Mit 80 regelmäßig in die Disco

1 _____

Diebe haben Eduard Sindermann, auch „Ganoven-Ede" genannt, …
Am Bahnhof in …
Obwohl er sofort …
Die Polizisten sagten: …
Am nächsten Tag hat …
Im Koffer war …

2 _____

Auf der Autobahn A 7 …
Ein LKW mit 10 Tonnen …
Der Fahrer war …
Die Polizei und die Feuerwehr …
Die Autobahn konnte …
Am Ende gab es …

3 _____

Gerda Walter (80) geht …
Tanzen ist …
In die Disco „84" geht …
Die jungen Leute dort …
Gerda Walter fühlt sich …
Sie sagt: „…"

4 _____

Ole und Anna Lindström haben …
Es heißt …
Die Lindströms haben …
Für das Fest mussten …
Die ganze Familie …
Ole und Anna Lindström wünschen sich …

Schreiben Sie mit den Satzanfängen ein kleine Geschichte.

Sie möchten mit Ihrer neuen Nachbarin ein Sommerfest fürs ganze Haus organisieren. Suchen Sie einen passenden Termin für Ihr Treffen.

Sonntag 10. Juni

7.00	
8.00	
9.00	*Frühstück mit Annemarie*
10.00	
11.00	
12.00	Eltern vom Flughafen abholen
13.00	Mittagessen mit Eltern
14.00	
15.00	*Geburtstagsfeier Christina*
16.00	
17.00	
18.00	
19.00	
20.00	Simone anrufen!
21.00	

■ *Wir wollen doch unser Sommerfest organisieren. Hast du / Haben Sie am Sonntag so gegen neun Zeit?*
● *Hm, das ist nicht so gut. Da möchte ich eigentlich mal ausschlafen.*

Sie möchten mit Ihrer neuen Nachbarin ein Sommerfest fürs ganze Haus organisieren. Suchen Sie einen passenden Termin für Ihr Treffen.

Sonntag 10. Juni

7.00	Lange schlafen
8.00	
9.00	
10.00	
11.00	Katja anrufen
12.00	
13.00	Mittagessen mit Jasmina
14.00	Deutschlernen mit Jasmina
15.00	
16.00	
17.00	
18.00	
19.00	Kino mit Herbert
20.00	
21.00	

■ *Wir wollen doch unser Sommerfest organisieren. Hast du / Haben Sie am Sonntag so gegen neun Zeit?*
● *Hm, das ist nicht so gut. Da möchte ich eigentlich mal ausschlafen.*